千葉県の 国鉄・JR

1960〜80年代の思い出アルバム

解説　牧野和人

関東最東端の地、犬吠埼に由来する急行「犬吠」。写真の153系のほか、165系も使用された。時代はすでに急行衰退期により、
1982（昭和57）年11月までに特急「しおさい」への格上げで「犬吠」は消滅した。
◎総武本線 本八幡　1980（昭和55）年1月2日（写真解説：編集部）

.....Contents

電化までは気動車一色であった房総半島だったが、1972(昭和47)年の電化からはガラッと雰囲気が変わり、電車が行き交う路線となった。電化から数年間は、かつて総武緩行線で使われていた津田沼電車区の旧型国電が、房総半島一円を走行していた。◎内房線 保田 1973(昭和48)年 撮影:山田虎雄(写真解説:編集部)

2章 モノクロフィルムで記録された 千葉県の国鉄・JR

松戸・市川付近［1929（昭和4）年］1/50,000

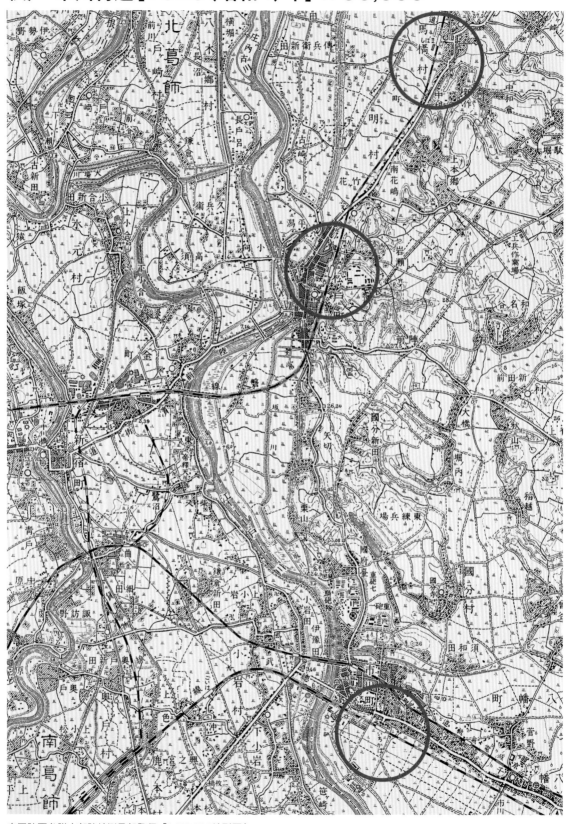

帝国陸軍参謀本部陸地測量部発行「1/50,000地形図」

柏付近［1927（昭和2）年］1/50,000

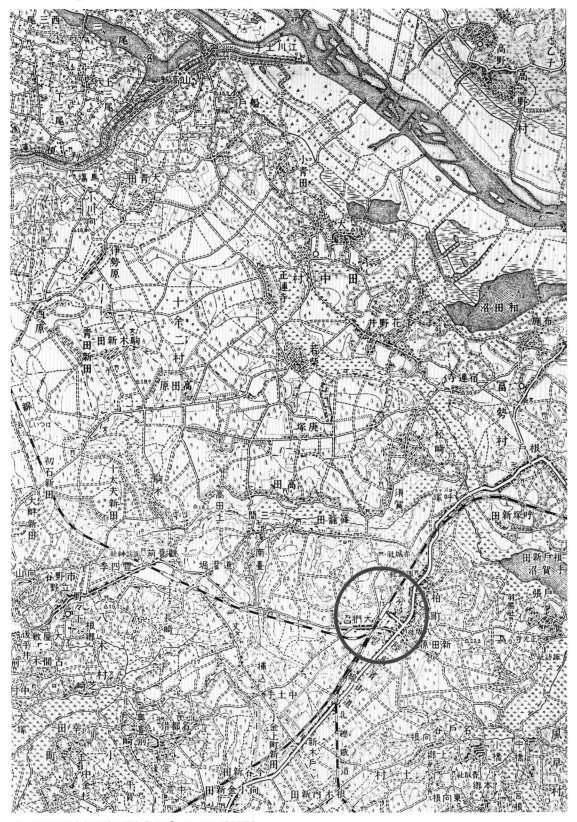

帝国陸軍参謀本部陸地測量部発行「1/50,000地形図」

下総中山・船橋付近［1929（昭和4）年］1/50,000

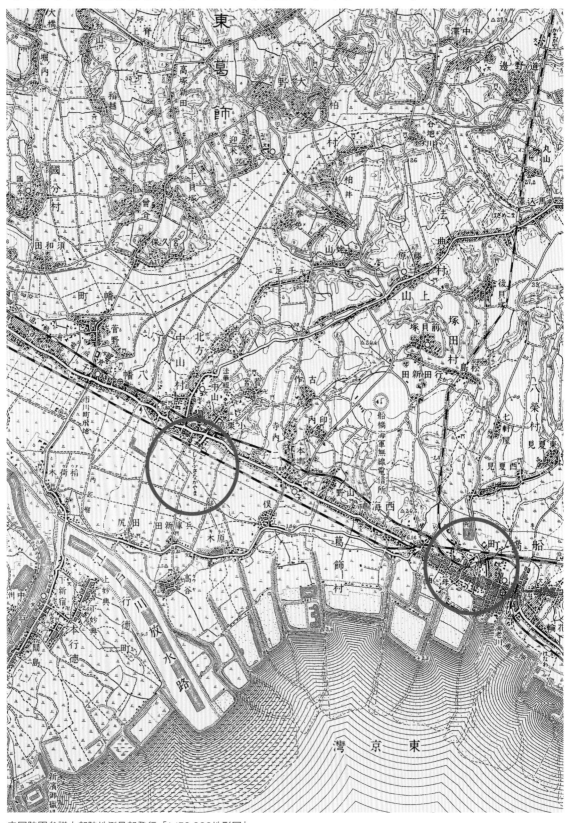

帝国陸軍参謀本部陸地測量部発行「1/50,000地形図」

津田沼付近［1929（昭和4）年］1/10,000

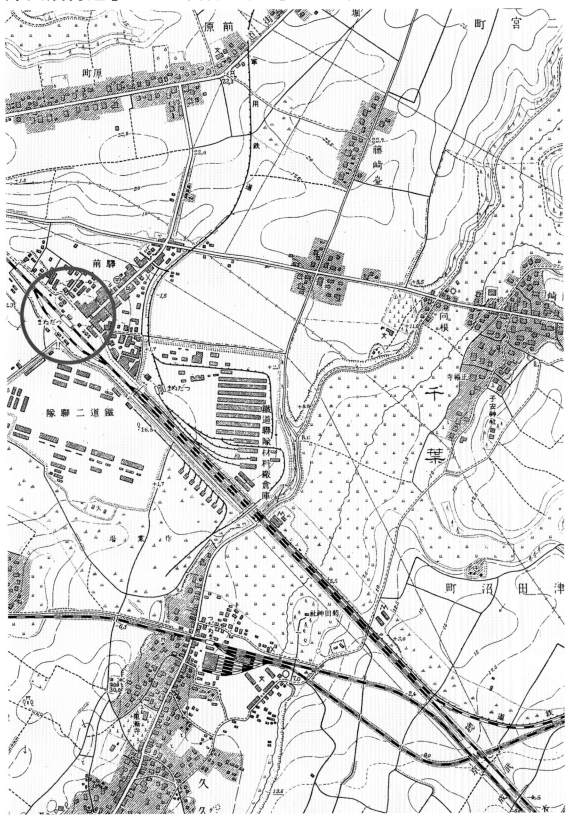

帝国陸軍参謀本部陸地測量部発行「1/10,000地形図」

千葉付近［1929（昭和4）年］1/50,000

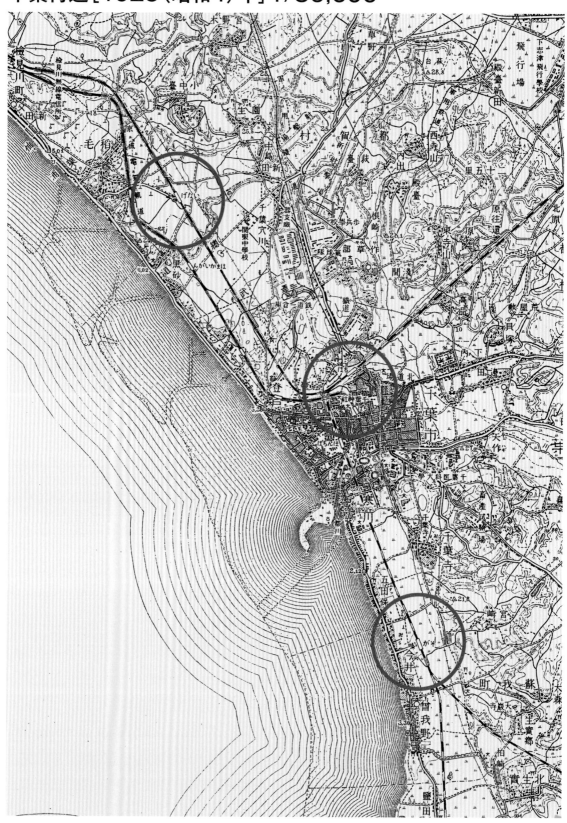

帝国陸軍参謀本部陸地測量部発行「1/50,000地形図」

千葉付近［1929（昭和4）年］1/10,000

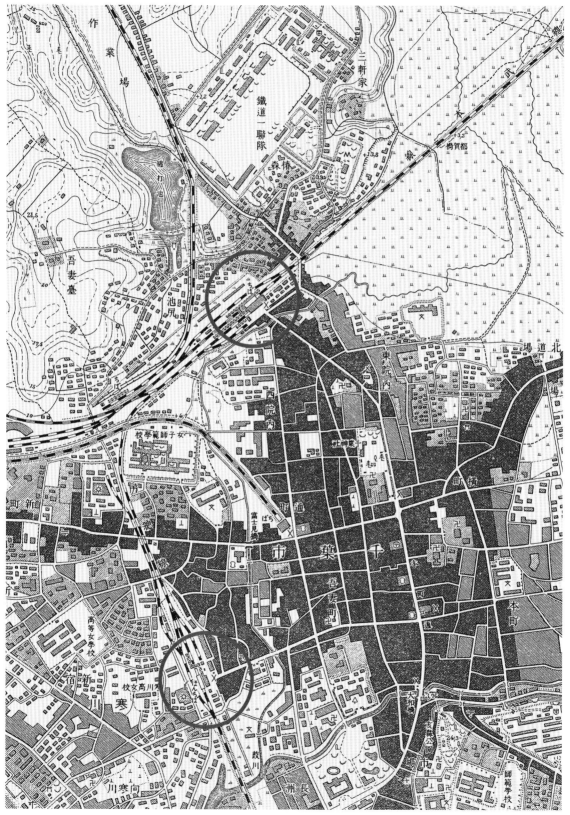

帝国陸軍参謀本部陸地測量部発行「1/10,000地形図」

成田付近［1930（昭和5）年］1/50,000

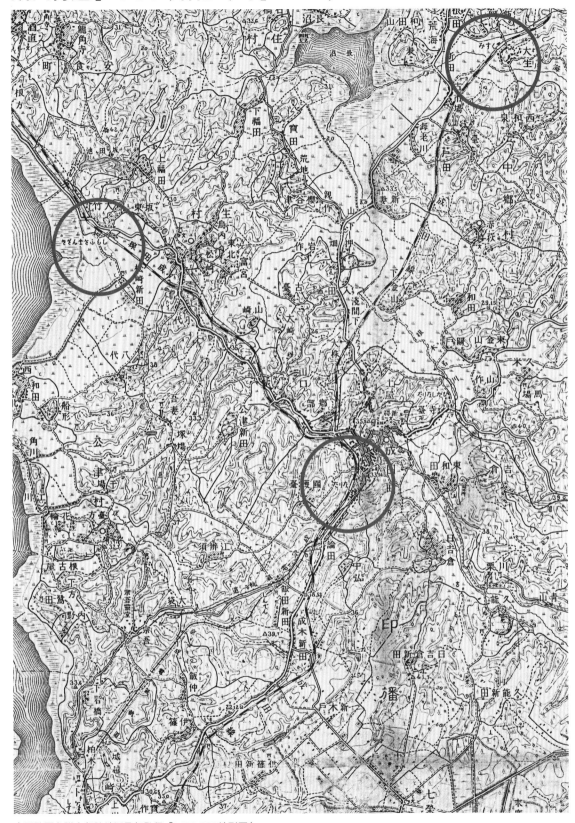

帝国陸軍参謀本部陸地測量部発行「1/50,000地形図」

佐原付近［1929（昭和4）年］1/50,000

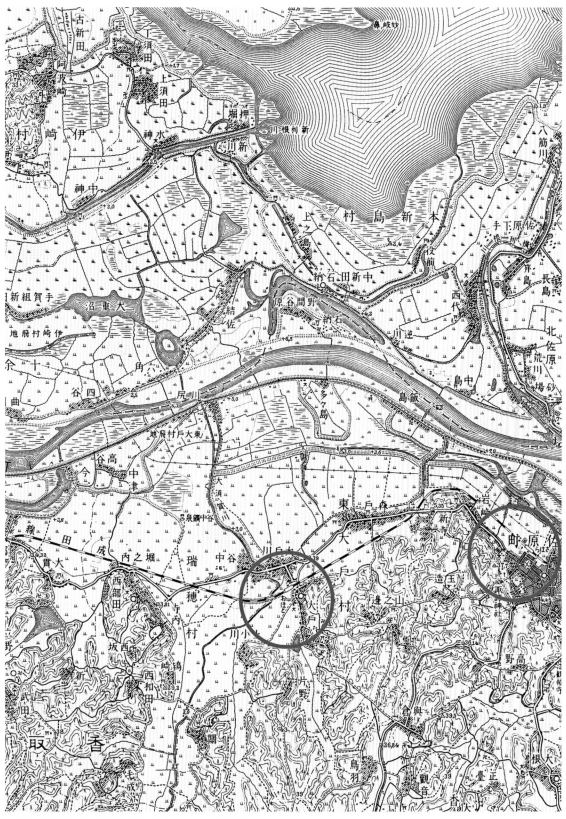

帝国陸軍参謀本部陸地測量部発行「1/50,000地形図」

成東・東金付近［1927（昭和2）年］1/50,000

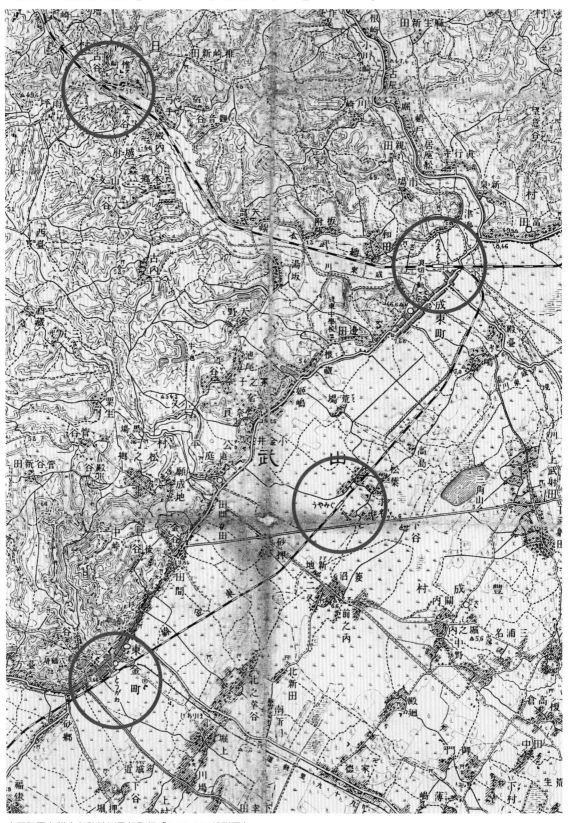

帝国陸軍参謀本部陸地測量部発行「1/50,000地形図」

大原付近［1931（昭和6）年］1/50,000

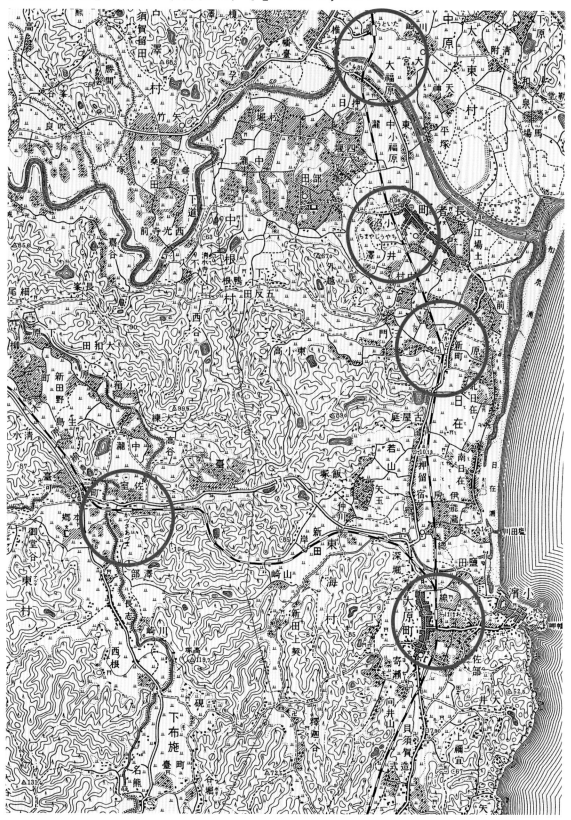

帝国陸軍参謀本部陸地測量部発行「1/50,000地形図」

五井付近［1929（昭和4）年］1/50,000

帝国陸軍参謀本部陸地測量部発行「1/50,000地形図」

木更津付近［1921（大正10）年］1/50,000

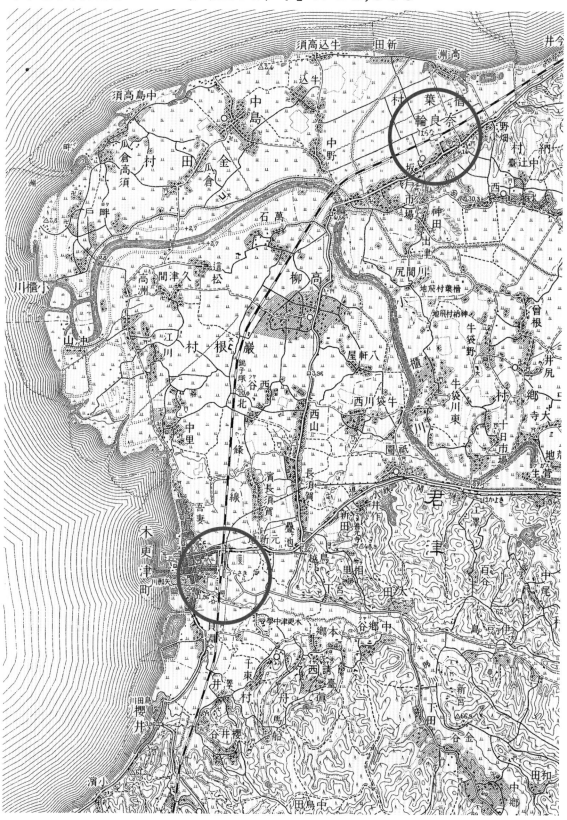

帝国陸軍参謀本部陸地測量部発行「1/50,000地形図」

はじめに

　酷暑に見舞われた夏の日の朝。ホームから眺める快速線を行くJR世代の電車を連ねた特急列車に幼い日の記憶にあるヘッドマークを掲げた海水浴列車が重なった。一般型車両には未だ冷房が普及していなかったが、窓を開け放った薄暗い車内でそれほど暑さを感じなかった記憶がある。長谷川 明さんは非電化路線だった総武本線で蒸気機関車が主力であった頃から県内の鉄道に親しみ、目の前を通り過ぎる普段着の列車を被写体として撮影を楽しんでこられた。時代が平成に移った近年まで続けられた撮影成果は鉄道はもとより、街並みなどの変遷を顧みることができる貴重な資料になった。空港、行楽地等の施設が整備されてきた県内各地域と鉄道の繋がりは時代と共に変化し続け、今日に至るまで躍動を続けている。

2024（令和6）年1月　牧野和人

101系の飯田橋行き。レアな行き先は、当時津田沼方面から朝夕各1本ずつ設定があった。飯田橋駅の市ケ谷寄りに設けられていた引き上げ線が撤去され折り返し運転が不可能になった。その空いたスペースにカーブしていた飯田橋駅のホームを市ケ谷寄りに移設する工事が行われ、ホームのすき間で発生した転落事故などが解消した。
◎本八幡　1985（昭和60）年10月28日　撮影：長谷川 明（写真解説：編集部）

1章

カラーフィルムで記録された
千葉県の国鉄・JR

新宿・両国〜銚子間を成田線経由で結んでいた急行「水郷」は、1982（昭和57）年11月に特急「すいごう」に格上げされる形で廃止となった。房総方面の定期急行列車はどの列車も特急に格上げされていったが、唯一急行時代と同じ読みの列車であった。◎佐原　1982（昭和57）年8月30日　撮影：長谷川 明（写真解説：編集部）

総武本線
そうぶほんせん
東京～銚子、錦糸町～御茶ノ水

総武・中央緩行線に使用された209系500番台は幅広車体が特徴。◎新小岩～小岩　2018（平成30）年3月7日

横須賀線に直通するE217系は近郊型電車としては初の4扉車である。◎物井～佐倉　2020（令和2）年7月20日

DATA

起点	東京	起点	錦糸町
終点	銚子	終点	御茶ノ水
駅数	42駅	駅数	5駅
開業	1894（明治27）年7月20日	開業	1932（昭和7）年7月1日
路線距離	120.5km	軌間	1,067mm
軌間	1,067mm		

全線の電化が達成されて以来、千葉方面から運用範囲を拡大してきた72系電車。昭和50年代に入って近郊型電車の111系などへの置き換えが進んでいた。ダイヤ改正を機に総武本線、成田線からの撤退が決定。運用路線で惜別列車を9月28日に運転した。平日にもかかわらず、多くのファンが駅、沿線を訪れた。
◎銚子　1977（昭和52）年9月28日　撮影：長谷川 明

◆千葉県内の区間

- 市川（いちかわ）
- 本八幡（もとやわた）
- 下総中山（しもうさなかやま）
- 西船橋（にしふなばし）
- 船橋（ふなばし）
- 東船橋（ひがしふなばし）
- 津田沼（つだぬま）
- 幕張本郷（まくはりほんごう）
- 幕張（まくはり）
- 新検見川（しんけみがわ）
- 稲毛（いなげ）
- 西千葉（にしちば）
- 千葉（ちば）
- 東千葉（ひがしちば）
- 都賀（つが）
- 四街道（よつかいどう）
- 物井（ものい）
- 佐倉（さくら）
- 南酒々井（みなみしすい）
- 榎戸（えのきど）
- 八街（やちまた）
- 日向（ひゅうが）
- 成東（なるとう）
- 松尾（まつお）
- 横芝（よこしば）
- 飯倉（いいぐら）
- 八日市場（ようかいちば）
- 干潟（ひがた）
- 旭（あさひ）
- 飯岡（いいおか）
- 倉橋（くらはし）
- 猿田（さるだ）
- 松岸（まつぎし）
- 銚子（ちょうし）

　東京都千代田区の東京駅と千葉県銚子市の銚子駅を結ぶ東日本旅客鉄道の路線。明治時代に総武鉄道が建設した市川駅～佐倉駅間が最初の開業区間だ。1897（明治30）年6月1日に銚子駅までの区間が開業した。また東京方は1904（明治37）に両国駅～本所（現・錦糸町）駅間が延伸開業した。総武鉄道は1907（明治40）年に国有化され、翌々年に公布された国鉄路線名制定で総武本線となった。

　時は移り1972（昭和47）年7月1日に東京駅～錦糸町駅間が開業。起点が御茶ノ水駅から東京駅になっ

た。同時に御茶ノ水駅～錦糸町駅間を支線とした。複々線区間を含む御茶ノ水駅～千葉駅間は都内と沿線の街を結ぶ生活路線。東京駅からは横須賀線直通の快速列車が乗り入れる。佐倉駅以東は単線区間が続く。下総台地上の八街を過ぎ、東金線が分岐する成東駅を経てのどかな田園、丘陵地帯を進む。松岸駅で成田線が近づくと、間もなく終点銚子駅に着く。路線内を走破する優等列車は特急「しおさい」。特急「成田エクスプレス」などが当路線を経由して隣接する路線へ乗り入れる。

快速線に無蓋車風の車体を載せた事業用電車クル29形が現れた。005番車は旧型国電のサハ17形100番台車を改造して、004番車と共に1965（昭和40）年に製造された。運転台は新造部分で前面にリベットがない。前面と戸袋部の窓はHゴム支持の仕様だ。無蓋部の側板には鋼製のあおり戸を用いた。◎市川　1980（昭和55）年5月26日　撮影：長谷川 明

165系電車で運転する急行「犬吠」。新宿、両国駅と銚子駅を結ぶ急行列車は、1966（昭和41）年に既存の準急列車が昇格し、気動車による編成で登場した。1974（昭和49）年10月に佐倉駅～銚子駅間が電化開業し、総武本線が全線電化されると、充当車両は153、165系に置き換わった。◎市川　1982（昭和57）年8月23日　撮影：長谷川 明

市川駅に停車する緩行線の103系。オレンジバーミリオン色をまとった車両はかつて中央本線の快速列車で運用されていた。後継車両201系の登場で緩行線へ転用された車両は誤乗車の防止策として、客室扉の上部と制御車の前面に「総武・中央線各駅停車」と記したステッカーを貼っていた。◎市川　1982（昭和57）年６月21日　撮影：長谷川 明

スカ色塗装の113系編成に組み込まれたグリーン車サロ124形。既存のグリーン車であったサロ110、サロ111形の次世代車両として旧国鉄の分割民営化後に製造された。着席乗車が利用者に好評であった実績を受けて２階建て車両として設計され、車内定員の増加を図った。◎市川　1990（平成２）年３月11日　撮影：長谷川 明

未だ民営化から間もない時期の総武本線では、旧国鉄時代の情景を見ることができた。快速線を走るスカ色の近郊型電車は
113系。横須賀線からの直通列車はグリーン車2両を編成に組み込んでいた。緩行線上の通勤型電車はATC装置を搭載した
103系である。◎市川　1990（平成2）年2月18日　撮影：長谷川 明

タンク車を連ねた貨物列車は、成田空港へ届けるジェット燃料の輸送を担う。けん引機は佐倉機関区所属のDD51形ディーゼル機関車だ。単機で重量級の列車を受け持った。機関車の次位には国鉄時代の列車では通例だった緩急車を連結していた。
◎本八幡
1979（昭和54）年3月
撮影：長谷川 明

左手に快速線が並行する緩行線駅のホームで発車を待つ普通列車。車掌が窓から顔を出して、前方の安全確認を行っていた。201系がまとうカナリアイエローの塗装は、101系、103系から引き継いだ総武・中央緩行線固有の色。窓周りにはめ込まれた鋼板は、本車両の特徴である黒色となった。
◎本八幡
1982（昭和57）年8月23日
撮影：長谷川 明

国鉄時代の末期に登場した通勤型電車の205系。旧国鉄の民営化初期に中央・総武緩行線へ新造の10両編成2本が投入された。全面、側面には103系の車体塗装を受け継いだカナリアイエロー（黄色22号）の帯を巻いていた。1本が転出した後に同系車3本が転入して103系、201系と共に運用された。◎本八幡　1990（平成2）年3月10日　撮影：長谷川 明

新聞輸送の運用に就く荷物電車クモニ74。両国駅で各社の夕刊を積み込んだ荷物電車ばかりの4両編成は下り方面へ向かう。
千葉駅で編成は解かれて総武本線、内房線、外房線、成田線の普通列車に1両ずつを併結し、各方面へ運転されていた。
◎下総中山　1986 (昭和61) 年1月8日　撮影：長谷川 明

東海道本線別線の東京駅～品川駅間開業を祝したヘッドマークを掲出した快速列車。総武本線は1972 (昭和47) 年に東京
駅～錦糸町駅間が開業。東京駅の地下にホームが新設された。1976 (昭和51) 年に品川へ延びる新線が開業し、1980 (昭和
55) 年10月から横須賀線と直通運転を開始した。◎船橋　1976 (昭和51) 年10月1日　撮影：長谷川 明

電車区が隣接する津田沼駅で顔を揃えた総武・中央緩行線の電車。いずれも103系電車だが、ATC装置を備える高運転台の制御車がまとう塗装はカナリアイエロー（黄5号）。低運転台車はオレンジバーミリオン（朱色1号）の塗装である。中央本線の快速列車で103系から201系への置き換えが進んだ過渡期の情景だ。◎津田沼　1982（昭和57）年3月　撮影：長谷川 明

終点幕張駅を目指して、緩行線の普通列車が走り抜けて行った。お馴染みの103系電車ながら編成両端の制御車は従来通りのカナリアイエロー（黄5号）。中間車は中央本線の快速列車用電車に使用されたオレンジバーミリオン（朱色1号）塗装だった。◎幕張本郷　1982（昭和57）年4月26日　撮影：長谷川 明

国鉄型電車では初めて中空軸平行カルダン駆動方式等の新技術を搭載し、高性能車両の先駆けとなった101系。総武・中央緩行線には1963（昭和38）年から投入された。後に103系に置き換えられた山手線用の車両が転入。車体色は山手線時代からのカナリアイエロー（黄5号）を踏襲した。◎稲毛　1982（昭和57）年6月21日　撮影：長谷川 明

1969（昭和44）年に次々と無煙化された後の房総各線では、蒸気機関車の代わりに佐倉機関区に配置されたDD51形やDE10形といったディーゼル機関車が客車列車や貨物列車を牽引していた。◎猿田付近　1974（昭和49）年（写真解説：編集部）

千葉地区で千葉駅以遠の電化進展に伴い、普通列車の主力として導入された72系電車。茶色の通勤型電車は昭和50年代に入ると、111系などの近郊型電車に代替わりした。引退を間近に控えた9月末。惜別列車が千葉駅～銚子駅間に成田線経由で運転された。◎松岸　1977（昭和52）年9月28日　撮影：長谷川 明

銚子駅のホーム端の切欠け部分から発着する銚子電気鉄道。総武本線とは架線電圧が異なるため、架線は繋がってなく、デハ301の横あたりに総武本線の架線終端標識の裏側が見える。またカテナリー吊架式の国鉄側と直接吊架式の銚子電気鉄道側との違いも見てとれる。写真は房総地区の旧型国電最終日のものだ。
◎銚子　1977（昭和52）年9月28日　撮影：長谷川 明（写真解説：編集部）

成田線
なりたせん

佐倉～松岸、成田～我孫子、成田～成田空港

上野東京ラインとして品川まで乗り入れる常磐快速・成田
線に投入されたE231系。
◎安食～小林　2021（令和3）年5月9日

初代成田エクスプレス専用車両として活躍した253系。
◎物井～佐倉　2007（平成19）年8月7日

編成の最後尾に「ふどう」号のテールマークを掲出した客車が、成田山新勝寺への参拝客で賑わう成田駅に停車していた。対向する隣のホームには既に電化開業していた列車運用に就く72系旧型国電。まだ架線が張られていないのりばには気動車が停まり、普通旅客列車の見本市に似た様相を呈していた。
◎成田　1968（昭和43）年4月28日　撮影：西原 博

● 佐倉 （さくら）
● 酒々井 （しすい）
● 成田 （なりた）
● 久住 （くずみ）
● 滑河 （なめがわ）
● 下総神崎 （しもうさこうざき）
● 大戸 （おおと）
● 佐原 （さわら）
● 香取 （かとり）
● 水郷 （すいごう）
● 小見川 （おみがわ）
● 笹川 （ささがわ）
● 下総橘 （しもうさたちばな）
● 下総豊里 （しもうさとよさと）
● 椎柴 （しいしば）
● 松岸 （まつぎし）

● 成田 （なりた）
● 下総松崎 （しもうさまんざき）
● 安食 （あじき）
● 小林 （こばやし）
● 木下 （きおろし）
● 布佐 （ふさ）
● 新木 （あらき）
● 湖北 （こほく）
● 東我孫子 （ひがしあびこ）
● 我孫子 （あびこ）

● 成田 （なりた）
● 空港第2ビル （くうこうだいにびる）
● 成田空港 （なりたくうこう）

DATA

起 点	佐倉	起 点	成田	起 点	成田
終 点	松岸	終 点	我孫子	終 点	成田空港
駅 数	16駅	駅 数	10駅	駅 数	3駅
開 業	1897（明治30）年1月19日	開 業	1901（明治34）年2月2日	開 業	1991（平成3）年3月19日
路線距離	75.4km	路線距離	32.9km	路線距離	10.8km
軌 間	1,067mm	軌 間	1,067mm	軌 間	1,067mm

　成田線は成田駅を中心に延びる3路線の総称である。総武本線の佐倉駅を起点として千葉県北部地域を東進し、成田山新勝寺の最寄り駅である成田駅を経由して、利根川下流の南岸に設置された松岸駅で再び総武本線と合流する本線。成田駅を起点として我孫子駅に至る我孫子支線。そして国際空港に隣接する成田空港駅とを結ぶ空港支線が含まれる。明治時代に成田鉄道が開業した佐倉駅〜成田駅間が鉄道の始まり。その後、我孫子支線の元となった成田駅〜我孫子駅間が開業した。本線は国有化後の1933（昭

和8）年に松岸駅までの区間が開業した。
　空港支線が開業したのは本線の全通から半世紀以上を経た後の1991（平成3）年。国鉄はすでに分割民営化され、新路線は東日本旅客鉄道（JR東日本）の下で営業を始めた。複線電化された佐倉駅〜成田駅間は空港線へ向かう特急「成田エクスプレス」が頻繁に行き交う特急街道。正月は新勝寺へ向かう参詣路線の趣もある。一方、成田駅〜松岸駅間と我孫子支線は沿線の街を結ぶ生活路線という性格が強い。

成田線の本線と支線が乗り入れる国鉄（現・JR東日本）の成田駅。構内から同一路線が４方向に広がる線路配置になっている。東口側の駅舎は1979（昭和54）年の竣工。最寄りである成田山新勝寺に因み、寺社仏閣が備える荘厳な雰囲気をを取り入れながら、近代風な設えの建物とした。◎成田　1982（昭和57）年８月30日　撮影：長谷川 明

佐倉機関区に配置されていたDD51 842号機。1971（昭和46）年新製の同機が最初に配置された車両基地だった。成田空港へのジェット燃料輸送は1978（昭和53）年の開港時からパイプラインが本格運用を始めた1983（昭和58）年まで、国鉄路線を通る貨物列車で行われ、佐倉区のDD51がけん引にした。◎成田　1982（昭和57）年８月23日　撮影：長谷川 明

日溜りの中に木造駅舎がたたずんでいた。駅前に建つ門構えが、小さいながらも当所が町の拠点であることを主張していた。滑河駅は利根川の東岸近くで明治時代に開業。木造駅舎は駅の開業から25年余りを経た大正時代の半ばに建設された。2005（平成17）年に鉄筋コンクリート造の現駅舎に建て替わった。◎滑河　1990（平成2）年1月28日　撮影：長谷川 明

千葉県東部の街、香取市の鉄道拠点は佐原駅。明治時代に初代成田鉄道が開業した際、建てられた駅舎が国鉄時代を経て、民営化後の平成20年代に至るまで使用されていた。出入口の左右に切符売り場、売店がある。駅舎越しには給水塔や構内灯らしき施設が見え、ここが要所であることを窺わせていた。
◎佐原　1982（昭和57）年8月30日
撮影：長谷川 明

成田山新勝寺の大本堂落慶記念大開帳開催に伴う、臨時列車として運転された快速「ふどう」。上野駅発着で常磐線、成田線我孫子支線を経由して成田駅まで運転した。列車をけん引する機関車に八角形を描いたヘッドマークが用意されたほか、客車編成の最後尾にも同様なテールマークを装着した。
◎小林付近　1968（昭和43）年4月28日　撮影：西原 博

我孫子行きの普通列車がホーム
を離れて行った。103系は常磐
線と同じエメラルドグリーン
(青緑1号)の車体塗装だ。1973
(昭和48)年に成田線我孫子支線
の成田駅～我孫子駅間が電化開
業し、常磐快速線・成田線経由
で上野駅～成田駅間の直通運転
を、松戸電車区配置の103系で
開始した。
◎成田
1990(平成2)年1月28日
撮影：長谷川 明

かしません
鹿島線
香取～鹿島サッカースタジアム

京浜東北・根岸線から転じた209系2000番台・2100番台。
◎十二橋　2019（平成31）年4月6日

茨城県内の北浦橋梁を渡る鹿島・成田線のE131系。
◎鹿島神宮～延方　2021（令和3）年4月18日

◆千葉県内の区間

● 香取 (かとり)
● 十二橋 (じゅうにきょう)

DATA

起 点	香取
終 点	鹿島サッカースタジアム
駅 数	6駅
開 業	1970 (昭和45) 年8月20日
路線距離	17.4km
軌 間	1,067mm

高架線の途中にポツンとたたずむ無人駅。簡素な造りで周囲は水田と川、民家が数件あるのみ。
◎十二橋駅
2018 (平成30) 年11月24日

ホームを挟んで普通列車と並んだ特急「あやめ」。東京駅〜鹿島神宮駅間を結ぶエル特急として1975 (昭和50) 年に4往復が設定された。車両には制御車の正面下部に貫通扉を備えた183系0番台車を投入。運転台の側面には国鉄時代を象徴するJNRマークが取り付けられていた。
◎佐原　1982 (昭和57) 年8月30日
撮影：長谷川 明

　鹿島線香取駅から、茨城県鹿嶋市の鹿島神宮駅を経て臨時駅の鹿島サッカースタジアムへ続く路線。当初の建設目的は鹿嶋市の臨海部に開発された工業地帯への貨物輸送であった。高度経済成長時代末期の1970(昭和45)年。8月20日に香取駅〜鹿島神宮駅間。11月12日に鹿島神宮駅〜北鹿島駅(現・鹿島サッカースタジアム)が開業した。利根川の右岸にある香取駅から北側に延びる大きな曲線上を走る列車は利根川を渡り、水郷地帯の只中にある高架駅十二橋に着く。成田線は経路の多くが高架橋で、路線の区間内に踏切はない。

　茨城県との境界になる常陸利根川を渡ると潮来駅。長大な北浦橋梁を経て鹿島神宮駅に至る。一駅先の終点、鹿島サッカースタジアム(臨)では鹿島臨海鉄道と接続する。現在、路線内の定期列車は普通のみである。しかし路線の開業時には急行「水郷」。1975 (昭和50) 年から2015 (平成27) 年にかけて、東京駅〜鹿島神宮駅間に特急「あやめ」を運転していた。但し、鹿島線の全区間を含む佐原駅〜鹿島神宮駅間は普通列車扱いだった。

市川駅を通過して行く特急「あやめ」。絵入りヘッドマークを掲出した183系電車で運転していた。同車両は1972（昭和47）年の総武本線東京駅～錦糸町駅間の快速線開業。房総東線（現・外房線）蘇我駅～安房鴨川駅間の電化で設定された房総特急用として製造された。◎市川　1978（昭和53）年10月15日　撮影：長谷川 明

ヘッドマークを掲出して複々線区間を行く165系電車の急行「鹿島」。両国駅～鹿島神宮駅間を結び、東京駅～鹿島神宮駅間に設定されていた特急「あやめ」を補完する存在だった。1982（昭和57）年11月のダイヤ改正で「あやめ」に昇格するかたちで列車名は消滅した。
◎津田沼
1982（昭和57）年6月21日
撮影：長谷川 明

東京駅～鹿島神宮駅間を結ぶ特急として運行を開始した「あやめ」。当初は４往復の運転でＬ特急に指定されていた。1982（昭和57）年11月に施行されたゴーナナイレブンダイヤ改正で５往復に増便された。しかし1985（昭和60）年４月のダイヤ改正より、佐原駅～鹿島神宮駅間は普通列車として運転した。◎本八幡　1985（昭和60）年１月７日　撮影：長谷川 明

内房線
うちぼうせん

蘇我～安房鴨川

直流区間の汎用特急車として活躍したE257系500番台。
◎浜金谷～保田　2010（平成22）年5月3日

首都圏郊外や地方線区向け用として開発されたE131系。
◎九重～館山　2021（令和3）年3月26日

終点の館山駅に到着した165系電車は急行「内房」。自前の座布団を携えて折り返し列車の前方へ行こうとしていた運転士に、駅職員がホーム上から声を掛ける。「お疲れ様。安全運転でね。」「それじゃ千葉まで行ってきます。」労いの言葉が交わされる中、構内はなごやかな空気に包まれていた。
◎館山　1981（昭和56）年３月　撮影：西原 博

- 蘇我 （そが）
- 浜野 （はまの）
- 八幡宿 （やわたじゅく）
- 五井 （ごい）
- 姉ケ崎 （あねがさき）
- 長浦 （ながうら）
- 袖ケ浦 （そでがうら）
- 巌根 （いわね）
- 木更津 （きさらづ）
- 君津 （きみつ）
- 青堀 （あおほり）
- 大貫 （おおぬき）
- 佐貫町 （さぬきまち）
- 上総湊 （かずさみなと）
- 竹岡 （たけおか）
- 浜金谷 （はまかなや）
- 保田 （ほた）
- 安房勝山 （あわかつやま）
- 岩井 （いわい）
- 富浦 （とみうら）
- 那古船形 （なこふなかた）
- 館山 （たてやま）
- 九重 （ここのえ）
- 千倉 （ちくら）
- 千歳 （ちとせ）
- 南三原 （みなみはら）
- 和田浦 （わだうら）
- 江見 （えみ）
- 太海 （ふとみ）
- 安房鴨川 （あわかもがわ）

DATA

起 点	蘇我
終 点	安房鴨川
駅 数	30駅
開 業	1912 (明治45) 年3月28日
路線距離	119.4km
軌 間	1,067mm

　千葉市内の京浜工業地帯に設置された蘇我駅を起点として、房総半島の西岸部を経由し、安房鴨川駅とを結ぶ東日本旅客鉄道の路線。起点終点駅で外房線と接続し、房総半島一周路線を形成する。路線は明治時代に開業した蘇我駅～姉ケ崎駅間の木更津線を祖とする。1929（昭和4）年の全通以降、路線名を房総線、房総西線と変えて1972（昭和47）年に内房線となった。蘇我駅～君津駅間は複線区間で東京、千葉市内へ向かう通勤通学客などで賑わう。一方、君津駅以南は単線区間が続き、のどかな田園や海辺の景色が車窓を彩る。

　半島先端部の街である館山から線路は東へ向きを変え、南房総地区の観光都市における鉄道玄関口である安房鴨川駅を目指す。平日に東京駅～君津駅間に特急「さざなみ」。土曜、休日に新宿～安房鴨川駅間で臨時特急「新宿さざなみ」を運転している。「さざなみ」は通勤列車としての性格を併せ持つ。沿線には海水浴場が点在し、庶民の間で行楽観光が一般化した昭和20年代より、観光客輸送の臨時列車が夏季を中心に運転された。

例年春から初夏にかけての期間、潮干狩り客で賑わう房総半島の西岸部へ向けて運転した臨時快速「潮干狩」。独自のヘッドマークを掲出した165系電車が6両編成で充当された。運転区間は両国駅〜木更津駅間で通常の快速停車駅のほか、定期の快速列車が通過する海岸部にほど近い巌根駅へ停車した。◎錦糸町　1978（昭和53）年5月　撮影：長谷川 明

快速線を行く特急「さざなみ」を後方から望む。後から快速線が足されて複々線区間となった東京、千葉の都県境付近で築堤上の線路配置はゆったりとしている。1981（昭和56）年に津田沼駅〜新検見川駅間が複々線化され、錦糸町駅〜千葉駅間が複々線区間となった。◎市川〜小岩　1980（昭和55）年5月3日　撮影：長谷川 明

165系電車で運転する臨時快速「青い海」。房総地区の夏ダイヤで1972（昭和47）年から1989（平成元）年までの期間に設定された海水浴客輸送の列車だった。東京駅～安房鴨川駅間を内房線経由で結ぶ。また運転時期により東京側の発着駅は品川、両国駅や、中央本線の新宿駅、横須賀線久里浜駅などが設定された。◎市川　1985（昭和60）年7月27日　撮影：長谷川 明

田町電車区に所属していた153系は、東海道本線筋の急行列車が廃止、特急化等で運用が縮小されると、一部の車両が幕張電車区へ転属した。千葉地区主要路線の電化進展に伴い、先立って投入されていた165系に混じって急行列車に転用された。◎本八幡　1979（昭和54）年3月　撮影：長谷川 明

153系で運転する急行「内房」。最後尾のクハ153は高運転台に、小振りな前照灯を装備した後期型だった。正面の塗分けを除くと、後発のクハ165と同じ車両のようである。編成はグリーン車サロ152を1両連結した7両編成。
◎本八幡　1979（昭和54）年3月　撮影：長谷川 明

1960年代末期から千葉管内で使用されるようになった165系電車。急行「内房」は「うち房」の列車名で運転していた1969（昭和44）年7月11日に千葉駅〜木更津駅間が電化開業した折に、使用車両が気動車から電車に変更された。
◎船橋　1982（昭和57）年6月21日　撮影：長谷川 明

新宿、両国駅と館山駅を結んでいた急行「内房」。昭和30年代に快速列車として登場した列車名称は、特急「さざなみ」に吸収されるかたちで一端消滅した。しかし、特急の設定以降も存続していた急行列車を統合して、1975（昭和50）年3月10日のゴーマルサンダイヤ改正時に再設定された。◎稲毛　1982（昭和57）年6月21日　撮影：長谷川 明

石材の切り出し場であった鋸山の麓を走る臨時快速「かもめ」。しんがりを務める客車の貫通部には専用のヘッドマークを掲出していた。カモメをデザインしたマークの絵柄と、優等列車に起用された旧型客車のスハフ42形に似た形状のオハフ46形が、山陽、九州で運転した特急「かもめ」を彷彿とさせた。
◎浜金谷〜竹岡
1964（昭和39）年8月16日
撮影：西原 博

定期列車として運行する気動車は元より、客車をけん引する機関車も不足した千葉地区の海水浴臨運用。列車人気に肖った増発策で、ディーゼル機関車が重連で電車をけん引する準急「白浜」を1964(昭和39)年夏に運転した。不思議な編成の列車が景勝地鋸山を背に走行した。
◎浜金谷付近
1964（昭和39）年8月16日
撮影：西原 博

鋸山を背景に浜金谷駅で発車準備を整えるC58形蒸気機関車。ホームでは荷物、郵便の積み込み作業が行われている様子だ。当駅の周辺には浦賀水道を横断して久里浜まで運航する東京湾フェリーの港や、鋸山へ延びるロープウェイの駅があり、地域の交通、観光を担う拠点になっている。
◎浜金谷
1964（昭和39）年8月16日
撮影：西原 博

当時は非電化路線だった房総西線（現・内房線）運転された準急「白浜」。中央本線中野駅〜館山駅間の運転で、全区間に80系電車が充当された。非電化路線だった房総西線（現・内房線）はディーゼル機関車がけん引。電車編成の前後には専用のトレインマークを掲出した。
◎浜金谷付近
1964（昭和39）年8月16日
撮影：西原 博

定期列車は気動車で運転していた房総地区の急行列車。繁忙期には臨時便が増発される中で、客車を用いた列車が運転された。房総地区に投入されてから、まだ日の浅いDD51形ディーゼル機関車が旧型客車をけん引する。編成は濃い青色（青15号）塗装の車両で統一されていた。◎岩井付近　1968（昭和43）年8月18日　撮影：西原 博

昭和20年代から千葉地区に設定された列車の
名称として用いられてきた「さざなみ」。1968
(昭和43)年の夏期には、臨時快速列車として
運転した。活躍期間が残り僅かとなった佐倉
機関区所属のC57形蒸気機関車が、黄金色に
熟した水田を横目に客車をけん引して行った。
◎岩井付近
1968(昭和43)年8月18日
撮影：西原 博

普通列車に併結されて運転する郵便荷物
合造気動車のキユニ19形。元はキハ19
形を改造した荷物気動車のキニ16形であ
る。同車両は当初、交流直流区間が混在
する常磐線で運用。新型車両への置き換
えに伴い、新小岩工場で再改造の上、房
総地区に投入された。
◎岩井
1968(昭和43)年8月18日
撮影：西原 博

両運転台車のキハ10形気動車を先頭にした普通列車。数両の車両を連結して運転する機会が多かった房総地区で、昭和20年代後半から製造された新性能気動車のうち、両運転台仕様の車両は少数派だった。全製造両数は70両で、主力形式になったキハ17形の6分の1ほどである。◎岩井付近　1968（昭和43）年8月18日　撮影：西原 博

お盆を過ぎて高くなり始めた空の下で、線路際まで生い茂った笹薮をかき分けるように進む列車は臨時急行「うち房52号」。けん引機は当時の新鋭機DD51形ディーゼル機関車だ。607号機は1968（昭和43）年の新製車両。重連運転時に本務機のブレーキ操作が補機にまでおよぶ全重連形の機能を備える。◎岩井付近　1968（昭和43）年8月18日　撮影：西原 博

外房線
そとぼうせん

千葉～安房鴨川

国鉄近郊型の113系は房総地区では2011（平成23）年9月まで運用された。◎大網　2011（平成23）年8月8日

房総特急の輸送改善を目的に開発された255系はグッドデザイン賞を受賞。◎土気～大網　2017（平成29）年6月17日

特急「わかしお」の一部列車が停車する上総興津駅。港、海水浴場がある
湾岸部に面した房総半島東部の小駅だ。単線区間での列車交換等を考慮
し、ホームの有効長は10両編成に対応する。当駅と勝浦駅を結ぶ区間は
大正時代末期に着工したが、同区間の開通による駅の開業は1927（昭和
2）年4月1日であった。
◎上総興津　1982（昭和57）年8月9日　撮影：長谷川 明

● 千葉（ちば）
● 本千葉（ほんちば）
● 蘇我（そが）
● 鎌取（かまとり）
● 誉田（ほんだ）
● 土気（とけ）
● 大網（おおあみ）
● 永田（ながた）
● 本納（ほんのう）
● 新茂原（しんもばら）
● 茂原（もばら）
● 八積（やつみ）
● 上総一ノ宮（かずさいちのみや）
● 東浪見（とらみ）
● 太東（たいとう）
● 長者町（ちょうじゃまち）
● 三門（みかど）
● 大原（おおはら）
● 浪花（なみはな）
● 御宿（おんじゅく）
● 勝浦（かつうら）
● 鵜原（うばら）
● 上総興津（かずさおきつ）
● 行川アイランド（なめがわあいらんど）
● 安房小湊（あわこみなと）
● 安房天津（あわあまつ）
● 安房鴨川（あわかもがわ）

DATA

起点	千葉
終点	安房鴨川
駅数	27駅
開業	1896（明治29）年1月20日
路線距離	93.3km
軌間	1,067mm

　県庁所在地千葉市の千葉駅から東金線が分岐する大網駅を経て、房総半島の東岸沿いに安房鴨川駅までを結ぶ東日本旅客鉄道の路線。路線は明治時代に発足した房総鉄道が開業した蘇我駅〜大網駅間を祖とする。後に房総鉄道は官設鉄道へ編入されて房総線となった。1929（昭和4）年4月15日に上総興津駅〜安房鴨川駅間が延伸開業して全通。同時に安房鴨川駅に達していた、北条線（現・内房線）を含む区間を房総線とした。しかし1933（昭和8）年に千葉駅〜大網駅〜安房鴨川駅間を房総東線として房総線

から分離。さらに1972（昭和47）年、路線名を外房線と改称した。

　沿線に新興住宅地が目立つ千葉駅〜大網駅間は東京、千葉市内へ向かう通勤通学客で賑わう。複線区間は千葉駅〜上総一ノ宮駅、東浪見駅〜長者町駅、御宿駅〜勝浦駅間。上総一ノ宮駅以南の沿線にはマリンレジャー関連の施設が点在するが、車窓から海を望む区間は僅かだ。東京駅と上総一ノ宮駅、勝浦駅、安房鴨川駅を結ぶ特急「わかしお」が日中、ほぼ1時間毎に運転されている。

中線を駆け抜ける急行「外房」は153系電車で運転。低運転台のクハ153には、かつて活躍した東海道急行の面影が重なる。屋上に機器を載せた冷房完備の車両だが残暑の折、先頭車の客室窓は所々開けられていた。次位にはグリーン車サロ152が1両連結されていた。
◎市川
1980 (昭和55) 年9月
撮影：長谷川 明

単線区間を行く153系の急行列車。外房線経由の急行列車は1962 (昭和37) 年に準急「外房 (がいぼう)」として設定された列車が1966 (昭和41) 年に急行へ昇格。同列車の特急化で一時は列車名が消滅したが、1975 (昭和50) 年3月10日のダイヤ改正時に新宿、両国駅〜安房鴨川駅間を結ぶ急行3往復として復活を遂げた。
◎上総興津付近
1982 (昭和57) 年8月9日
撮影：長谷川 明

房総東線（現・外房線）蘇我駅〜安房鴨川駅間の電化に伴い、1972（昭和47）年に登場した特急「わかしお」。同時に東京駅乗り入れが実施された総武快速線を経由して、東京駅〜安房鴨川駅間に下り9本、上り8本が設定された。また、1往復は中央本線の八王子駅発着であった。
◎上総興津付近
1982（昭和57）年8月9日
撮影：長谷川 明

房総地区を走る優等列車の特急化が進み、165系等で運転する急行を見る機会がめっきり減少して久しい頃に、往時をしのぶ春の臨時列車として「想い出の房総」を運転した。本列車用のヘッドマークを掲出した制御車の列車種別表示は「臨時」となっていた。
◎行川アイランド
1979（昭和54）年4月15日
撮影：長谷川 明

165系電車で運転する急行「外房」。房総東線が蘇我駅〜安房鴨川駅間で電化開業し、同時に路線名を外房線と変えた1972（昭和47）年7月15日に特急「わかしお」が運転を開始した。後に特急列車を補う列車として、路線名と同じ列車名の急行が1975（昭和50）年3月10日のダイヤ改正で設定された。◎1981（昭和56）年4月　撮影：西原 博

海にほど近い立地ながら、急峻な山岳部のような沿線風景の中を走る111系の普通列車。72系等に代わって1970年代末期から房総地区の普通運用を受け持った。国鉄時代に全国で見ることができた国鉄近郊型電車は、民営化後もしばらくの間、同路線で活躍した。◎1979（昭和54）年4月15日　撮影：長谷川 明

走り去る165系の急行「外房」をカメラ越しに見送る。切通し区間を行く姿は、同車両本来の活躍場所である山岳路線を想わせる。海沿いの路線という印象が強い外房線だが末端部では隣町同士を結ぶ経路として、若干内陸部に入った地域に建設された。◎1979（昭和54）年4月15日　撮影：長谷川 明

木造駅舎を備える安房小湊駅。駅前には南房総国定公園の大きな看板が建ち、観光地へ向かう鉄道玄関口である旨を伝えていた。また当駅は日蓮宗の総本山である小湊山誕生寺の最寄りでもある。駅舎の傍らにはシュロの木が植えられ、地域が温暖な気候下にあることを窺わせていた。◎安房小湊　1979（昭和54）年4月15日　撮影：長谷川 明

183系電車で運転する特急「わかしお」。国鉄では従来、文字のみで標記していたヘッドサインを絵入りのものにゴー・サン・トオと呼ばれた1978（昭和53）年10月1日のダイヤ改正から仕様を変更した。当初は制御車に列車名幕を備えた特急用電車が絵入りマークを採用し、後に他の車両にも拡大した。◎安房小湊　1979（昭和54）年4月15日　撮影：長谷川 明

一見、海沿いを多く走るイメージのある外房線だが、その沿線はリアス式海岸のため、海の見える区間は意外と少ない。この区間が1972（昭和47）年に電化された時から走っていた113系は途中、車両が転属車などで入れ替わりながらも2011（平成23）年まで主力として走り続けた。◎安房鴨川～安房天津　2004（平成16）年5月29日　撮影：牧野和人（写真解説：編集部）

とうがねせん
東金線

大網〜成東

- 大網 (おおあみ)
- 福俵 (ふくたわら)
- 東金 (とうがね)
- 求名 (ぐみょう)
- 成東 (なるとう)

DATA

起 点	大網
終 点	成東
駅 数	5駅
開 業	1900 (明治33) 年6月30日
路線距離	13.8km
軌 間	1,067mm

高崎車両センターから転入し、帯色を房総カラーに変更した211系3000番台。
◎東金〜求名
2010 (平成22) 年5月8日

早朝・深夜は東金線内で運用されたスカイブルーの201系。
◎東金〜求名　2010 (平成22) 年7月18日

外房線と総武本線をつなぐ東金線の209系2000番台・2100番台。◎大網　2020 (令和2) 年10月14日

東金線の起点大網駅。当駅で接続する外房線ののりば
ホームは大網線のりばと離れた位置にあり、2路線のの
りば間にある広場に路線バスが停まっている。房総鉄
道の駅として開業した際、現在よりも福俵駅寄りに設置
された駅構内は1972（昭和47）年に現地点へ移転した。
◎大網　1991（平成3）年3月24日　撮影：安田就視

　外房線大網駅と総武本線成東駅を結び、県中央部を南北方向に延びる近郊路線。大小の鉄道会社が林立した明治時代中期に、外房線の一部区間となった蘇我駅〜大網駅間を開業した房総鉄道が、1900（明治33）年に大網駅〜東金駅間を開業した。ほどなくして房総鉄道は国有化され、路線名は終点駅に因んで東金線となった。1911（明治44）年に東金駅〜成東駅が延伸開業して全通。途中に4つの駅がある総延長14km余りの路線は大網白里市、東金市、山武市の市街地を結ぶ。

　沿線には本来、のどかな田園風景が広がっていたが、宅地化の推進や大学の誘致などにより、現在はいずれの駅周辺にも街並みが形成されている。当線の列車は1時間に1〜2往復の運転頻度。路線内をシャトル運行する列車のほか総武本線、京葉線に直通する快速列車がある。平日に運転する速達列車は「通勤快速」。土曜休日の列車は「快速」としている。1973（昭和48）年に全線が電化されて以降、入線する車両は電車の独壇場となった。現在は209系、E233系で定期列車を運転している。

東金市の南西部に設置された福俵駅。ホーム1面1線の棒線駅は、周辺の住宅街にとって身近な鉄道玄関口である。東金市の都市開発計画で移転が検討されたことがあったものの、国有鉄道時代の1938（昭和13）年に開業して以来、今日まで同じ場所で営業している。◎福俵　1984（昭和59）年5月15日　撮影：安田就視

外房線と総武本線を結ぶ形で敷かれている東金線は、1900（明治33）年に房総鉄道が敷設し開業した。13kmほどの短い路線で、線内完結列車と外房線直通列車などが設定されている。1973年の電化時から2011年まで長きに渡り113系が活躍した。
◎東金〜求名　1991（平成3）年3月　撮影：安田就視（写真解説：編集部）

くるりせん
久留里線

木更津〜上総亀山

1983年に登場した2ドアロングシート、片運転台の一般形気動車のキハ37形。◎俵田付近　2012（平成24）年9月22日

キハE130形は久留里線のほか水郡線や八戸線にも投入された。◎久留里　2017（平成29）年7月22日

● 木更津（きさらづ）
● 祇園（ぎおん）
● 上総清川（かずさきよかわ）
● 東清川（ひがしきよかわ）
● 横田（よこた）
● 東横田（ひがしよこた）
● 馬来田（まくた）
● 下郡（しもごおり）
● 小櫃（おびつ）
● 俵田（たわらだ）
● 久留里（くるり）
● 平山（ひらやま）
● 上総松丘（かずさまつおか）
● 上総亀山（かずさかめやま）

DATA

起 点	木更津
終 点	上総亀山
駅 数	14駅
開 業	1912（明治45）年12月28日
路線距離	32.2km
軌 間	1,067mm

久留里線の列車は起点の木更津駅を出ると、
構内の北側から内房線から離れて大きく東側
へ曲がる。背景の木更津駅は1970（昭和45）
年に橋上駅化された。たくさんの線路が並ぶ
構内を跨ぐ駅舎と自由通路は、ビルが建ち並
ぶ街中で、城郭のような存在感があった。
◎木更津〜祇園
1991（平成3）年3月30日
撮影：安田就視

　内房線北部の主要駅である木更津と、三石山の懐
に水面を湛える亀山湖近くの山中に置かれた上総亀
山駅を結ぶ地方路線。県内における交通の利便性を
図る目的で、千葉県が県営鉄道として建設した。大
正時代の初めに木更津駅〜久留里駅間が千葉県営鉄
道として開業。当初は軌間762mmの軽便鉄道だった。
路線は1923（大正12）年に国有化されて名称を久
留里線とした。年号が昭和に移り、同路線の軌間は
1,067mmに改軌された。さらに1936（昭和11）年3
月25日に久留里駅〜上総亀山駅間が開業して全通を
迎えた。

　木更津市から小櫃川の流れを遡る列車は久留里駅
がある君津市の東部までゆったりとした田園風景の
中を進む。上総松丘駅付近から周囲は緑濃い丘陵地
に被われ、川はつづら折れの路に似た蛇行を繰り返
すようになる。トンネルを抜けて並行してきた国道
が線路を跨いだ先が終点の上総亀山駅だ。木更津駅
〜久留里駅間はおおむね1時間に1往復の運転で1
日17往復が設定されている。それに対して久留里駅
〜上総亀山間は下り8本、上り9本の運転である。

沿線の水田に水が入る頃。明るい黄色の花を着けたアブラナが線路際で春を謳っていた。1時間ほどの間があってやって来たのは首都圏気動車色に塗られた3扉の気動車だった。赤、緑、黄色と好対照な色彩が出揃い、のどかな田園風景が華やいだ雰囲気に包まれた。◎平山〜久留里　1984（昭和59）年5月8日　撮影：安田就視

横板が貼られた壁が素朴な風合いを醸し出していた、久留里線の終点上総亀山駅舎。簡素な設えの上屋が被さる出入口付近には駅名を一文字ずつ記した白地の板が掲げられていた。旧字体の「驛」が、来訪者を遠い日へ誘う。その横には駅を見守り続けて来たイチョウの木がまっすぐに立っていた。
◎上総亀山
1973（昭和48）年 5 月27日
撮影：安田就視

構内の外れに腕木式信号機が建つ終点上総亀山駅。今日は日曜日。五月晴れの天気に誘われて列車で街に遊びに行くのだろうか。数人の少女が扉を開けて客待ち顔の気動車に向かって歩いてきた。車内では一足早く乗車した友達が窓から顔を覗かせて手招きしている様子だ。
◎上総亀山
1973（昭和48）年 5 月27日
撮影：安田就視

きはらせん
木原線（現・いすみ鉄道いすみ線）

大原～上総中野

国鉄型気動車の外観でオールロングシートのいすみ350型。
◎大原　2016（平成28）年7月24日

国鉄急行色に塗装変更されたキハ28形の定期運行は終了した。◎城見ヶ丘～大多喜　2016（平成28）年12月23日

● 大原（おおはら）
● 西大原（にしおおはら）
● 上総東（かずさあずま）
● 新田野（にったの）
● 国吉（くによし）
● 上総中川（かずさなかがわ）
● 城見ヶ丘（しろみがおか）
● 大多喜（おおたき）
● 小谷松（こやまつ）
● 東総元（ひがしふさもと）
● 久我原（くがはら）
● 総元（ふさもと）
● 西畑（にしはた）
● 上総中野駅（かずさなかの）

DATA

起 点	大原
終 点	上総中野
駅 数	14駅
開 業	1930（昭和5）年4月1日
路線距離	26.8km
軌 間	1,067mm

木原線の終点、上総中野駅で小湊鉄道のキハ200形気動車と顔を合わせたキハ35形気動車。2つの路線で房総半島の北部を横断する鉄道路線を形成している。当駅は1928（昭和3）年に小湊鉄道が開業。6年後の1934（昭和9）年に木原線が同所まで延伸された。
◎上総中野
1981（昭和56）年3月28日
撮影：安田就視

外房線大原駅と小湊鉄道の終点上総中野駅を結ぶ旧国鉄路線。明治時代の末期から昭和初期まで営業した県営人車鉄道、夷隅鉄道の代替交通手段として、国有鉄道木原線が大原駅～大多喜駅間で1930（昭和5）年4月1日にした。1934（昭和9）年には上総中野駅までの区間が延伸開業して全通を迎えた。しかし、国有となってからも少ない沿線人口を抱える閑散路線では厳しい経営が続く。昭和40年代には国鉄の赤字対策で廃止が望ましい83路線に組み込まれた。それでも鉄道の継続策として沿線自治体などが

運営を国鉄に替わって行う第三セクター案が採用され、廃止後の受け皿としていすみ鉄道が発足した。

国鉄の分割民営化で東日本旅客鉄道（JR東日本）へ移管されて間もない1988（昭和63）年3月24日にJR木原線は廃止。同日にいすみ鉄道いすみ線として開業を果たした。単行の気動車は海辺の町から内陸部へ進み、城下町大多喜を経て、房総半島東岸へ至る夷隅川に注ぐ、西畑川の上流域に建つ上総中野へ至る。普通列車のほか、キハ52形気動車による観光列車を運転する。

五月の風に早苗がそよぐ水田に影を落として、キハ35と30形の普通列車がやって来た。国鉄末期の一般型気動車は、大半が首都圏気動車色（朱色1号）の一色塗装だった。緑に包まれた里山で反対色の列車は、クリーム色と朱色の二色塗りだった旧国鉄色の車両よりも目立つ存在になった。◎上総東〜新田野　1984（昭和59）年5月12日　撮影：安田就視

電車と気動車が並ぶ勝浦運転区構内。同区の配置車両は佐倉機関区木更津支区（現・幕張車両センター木更津派出）へ統合されて所属車両は無くなっていた。しかし後に同区が廃止されてからも留置線等の施設は残り、現在も電車の滞泊施設として利用されている。◎勝浦　1979（昭和54）年4月15日　撮影：長谷川 明

かつて勝浦駅には勝浦運転区が隣接し、房総地区末端部の車両基地となっていた。留置された気動車の背後に、蒸気機関車が健在であった頃から使用されて来たと思しき給水塔が建つ。外房線が電化された後も、外房線、木原線（現・いすみ鉄道）で運用されるキハ35等の気動車が常駐していた。◎勝浦　1979（昭和54）年4月15日　撮影：長谷川 明

車窓に大多喜城望み、大多喜町内を蛇行する暴れ川の夷隅川を渡る木原線（現・いすみ鉄道 いすみ線）の列車。大多喜は室町時代以来の城下町。町内の城郭は1521（大永元）年に築かれた小田喜城が元といわれる。現在残る大多喜城は、後に小田喜城を基にして建設されたと伝えられている。◎小谷松〜大多喜 1984（昭和59）年9月22日 撮影：安田就視

けいようせん
京葉線

東京～蘇我、市川塩浜～西船橋、西船橋～南船橋

◆千葉県内の区間

● 舞浜 (まいはま)
● 新浦安 (しんうらやす)
● 市川塩浜 (いちかわしおはま)
● 二俣新町 (ふたまたしんまち)
● 南船橋 (みなみふなばし)
● 新習志野 (しんならしの)
● 幕張豊砂 (まくはりとよすな)
● 海浜幕張 (かいひんまくはり)
● 検見川浜 (けみがわはま)
● 稲毛海岸 (いなげかいがん)
● 千葉みなと (ちばみなと)
● 蘇我 (そが)

● 市川塩浜 (いちかわしおはま)
● 西船橋 (にしふなばし)

● 西船橋 (にしふなばし)
● 南船橋 (みなみふなばし)

DATA

起点	東京
終点	蘇我
駅数	18駅
開業	1975 (昭和50) 年5月10日
路線距離	43.0km
軌間	1,067mm

起点	市川塩浜
終点	西船橋
駅数	2駅
開業	1988 (昭和63) 年12月1日
路線距離	5.9km
軌間	1,067mm

起点	西船橋
終点	南船橋
駅数	2駅
開業	1986 (昭和61) 年3月3日
路線距離	5.4km
軌間	1,067mm

　東京都千代田区の東京駅と千葉県千葉市中央区の蘇我駅を結ぶ東日本旅客鉄道の路線。国鉄などの鉄道建設事業を請け負っていた特殊法人の日本鉄道建設公団が大都市交通線(D線)の一つとして建設した。当初は貨物線として計画され、1973 (昭和48) 年に東海道貨物線塩浜操車場～東京貨物ターミナル駅間、1975 (昭和50) 年に蘇我駅～千葉貨物ターミナル駅間が開業。西船橋駅～千葉貨物ターミナル駅間が延伸開業した1986 (昭和61) 年3月3日から旅客営業を開始した。

　その後、国鉄の分割民営化を挟み、新木場駅～南船橋駅間、市川塩浜駅～西船橋駅間の開業を経て、東京駅～新木場駅間が延伸開業した1990 (平成2) 年3月10日以て全通した。東京湾の臨海部を進む経路は多くの区間が高架上にある。沿線には埋立地などを利用して建設されたマンションが点在する。当路線は都心部へ向かう通勤手段と共に東京ディズニーリゾートや幕張新都心とを結ぶ観光路線の性格を兼ね備える。また、東京駅発着の特急「わかしお」「さざなみ」も京葉線経由で運転している。

京葉線が全通した日。本線の終点である蘇我駅で出発式が執り行われた。同日には快速列車が運転を開始。休日には快速「マリンドリーム」、武蔵野線から直通する快速「むさしのドリーム」など、東京ディズニーランドの最寄り駅である舞浜へ向かう列車が設定された。
◎蘇我　1990（平成2）年3月10日　撮影：長谷川 明

線［東京←→蘇我］全線開通
90.3.10　JR東日本

3番線の発車は→

時刻

JR所有の鉄道車両で初の連接車として開発されたE331系だが採用には至らなかった。
◎蘇我　2010（平成22）年4月1日

EF210形は1996年に登場した直流電化区間用の貨物牽引標準機である。◎検見川浜　2013（平成25）年

京葉線南船橋駅〜新木場駅間が1988
（昭和63）年に開業。同時に東京ディズ
ニーランドの鉄道玄関口として舞浜駅
が開業した。東日本旅客鉄道（JR東日本）
はディズニーランド利用者の利便性を
図るべく、専用車両を用いた「シャトル・
マイハマ」を東京駅〜西船橋駅間で週
末、連休時期などを中心に運転した。
◎葛西臨海公園
1990（平成2）年3月10日
撮影：長谷川 明

東京駅から東京湾岸沿いに東進し、千葉県
下の蘇我駅に至る京葉線。昭和末期から
始まった建設工事は2回の部分開業を経
て、東京駅〜新木場駅間の延伸開業を以て
完結した。全通時に時代は平成へ移り、路
線の運営機関は国鉄から東日本旅客鉄道
株式会社（JR東日本）に変わっていた。
◎新浦安
1990（平成2）年3月10日
撮影：長谷川 明

住宅地に立て掛けられた京
葉線の建設工事を知らせる
看板。東京駅構内で、新路
線が幾層も下の地下深くに
建設される様子を絵で紹介
していた。当時は東京駅の
近くに建っていた都庁施設
が描かれており、湾岸部か
ら都心へ向かう際、鉄道利
用が便利であることを思い
浮かばせた。
◎1987（昭和62）年
撮影：長谷川 明

103系電車で運転する東京行きの普通列車。京葉線の新規開業に当たっては京浜東北・根岸線用の103系が津田沼区へ転入し、スカイブルー（青22号）の車体塗装に揃えた編成で運転した。しかし武蔵野線直通の列車には、同路線で運転する電車がまとうオレンジバーミリオン（朱色1号）塗装の車両が充当された。◎新浦安　1990（平成2）年3月10日　撮影：長谷川 明

好景気の中で湾岸部の開発が進み、高層マンションが建ち並ぶ京葉線新浦安付近の高架上を行く103系電車。101系を置き換える計画で投入された昭和50年代当初は6両編成で運転した。1991（平成3）年から武蔵野線の列車は8両編成化が進められ、103系の増結と205系の導入で1995（平成7）年に全編成が8両となった。
◎新浦安　1990（平成2）年3月10日　撮影：長谷川 明

高架区間が続く京葉線を行く103系。西船橋駅～千葉みなと駅間が部分開業した当初は4両編成で運転していた。しかし、東京駅～蘇我駅間の全通を期に6両～10両編成で運転するようになった。車体色は当路線に投入以来、京浜東北線等と同じスカイブルー（青22号）だった。◎南船橋　1990（平成2）年3月3日　撮影：長谷川 明

1990（平成2）年に製造された京葉線用の205系電車。先に山手線などへ投入された車両と同じ0番台車ながら前面窓周りは、沿線にある東京ディズニーランドの雰囲気を意識し、曲線を組み合わせた意匠となった。はめ込んだ鋼板の色は、201系などと同じ黒が採用された。◎海浜幕張　1990（平成2）年3月10日　撮影：長谷川 明

検見川浜駅周辺はもともと埋め立て地で、地名が存在しなかった。近くに海浜ニュータウンがあることから、開業前は「検見川ニュータウン駅」という仮称が付いていた。「検見川浜」の駅名は総武本線新検見川駅と京成千葉線検見川駅を拝借する形で付けられた。ほかにも京葉線の仮称駅名の一例として葛西臨海公園駅は葛西沖で、南船橋駅は若松町だった。また、舞浜駅は西浦安と無味乾燥な駅名だった。◎検見川浜　1986（昭和61）年3月3日　撮影：長谷川 明（写真解説：編集部）

東京湾の沿岸部を結ぶ京葉線。最初に西船橋駅～千葉貨物ターミナル駅間が旅客営業のみを行う路線として開業した。新規路線のうち、蘇我駅～千葉貨物ターミナル駅間は貨物線として1975（昭和50）年に開業した区間だった。旅客営業の開始に伴い、同路線の起点は西船橋駅となった。◎検見川浜　1986（昭和61）年3月3日　撮影：長谷川 明

じょうばんせん
常磐線

日暮里～岩沼

◆千葉県内の区間

- 松戸 (まつど)
- 北松戸 (きたまつど)
- 馬橋 (まばし)
- 新松戸 (しんまつど)
- 北小金 (きたこがね)
- 南柏 (みなみかしわ)
- 柏 (かしわ)
- 北柏 (きたかしわ)
- 我孫子 (あびこ)
- 天王台 (てんのうだい)

DATA

起 点	日暮里
終 点	岩沼
駅 数	80駅
開 業	1889 (明治22) 年1月16日
路線距離	343.7km
軌 間	1,067mm

馬橋駅構内を通過する特急「ひたち」。ボンネット型のクハ481形電車が先頭を務めていた。総武流山電鉄 (現・流鉄) のホームに停まる電車は1200形。1979 (昭和54) 年に西武鉄道から譲渡された車両である。クモハ1201形＋サハ61形＋クモハ1202形の編成は「流星」と記載した小振りなヘッドマークを掲出していた。
◎馬橋
1986 (昭和61) 年1月6日
撮影：長谷川 明

　東京都荒川区の日暮里駅と、東北本線に接続する宮城県下の岩沼駅を結ぶ東日本旅客鉄道の路線。1889 (明治22) 年に水戸鉄道として開業した小山駅～水戸駅間のうち、現在の友部駅～水戸駅間に相当する路線が、常磐線として最初の開業区間となった。友部駅は開業時、設置されていなかった。水戸鉄道の開業後、日本鉄道が田端駅～水戸駅間を開業。後に水戸鉄道は日本鉄道に買収され、その日本鉄道も国有化された。1898 (明治31) 年に磐城線として建設された久ノ浜駅～小高駅間が開業し、現在の常磐

線をかたちづくる区間が全通した。1909 (明治42) 年に公布された国有鉄道線路名称により日暮里駅～岩沼駅間を常磐線とした。
　千葉県内の区間は松戸駅～天王台駅間。江戸川を渡り松戸市に入った列車は住宅が密集する柏、我孫子市の街中を縫って走る。上下線が離れるうちに天王台駅へ到着。利根川を渡って茨城県へ入る。優等列車は特急「ひたち」が品川駅～いわき、仙台駅間。特急「ときわ」が品川、上野駅～土浦、勝田、高萩駅間に運転されている。

地下鉄千代田線に直通する常磐緩行線209系1000番台は中
央快速線に転属した。
◎松戸〜金町　2011（平成23）年9月17日

113系を彷彿とさせるスカ色帯のE231系が常磐快速線を
快走する。◎松戸〜柏　2021（令和3）年7月17日

電車区で常磐線塗装の103系と顔を並べた203系電車。常磐緩行線、帝都高速度交通営団（営団地下鉄→現・東京地下鉄）千代田線の相互直通運転で運用されて来た103系1000番台車の次世代車両として1982（昭和57）年から製造された。サイリスタチョッパ制御、アルミ製車体などを採用して運用、製造費の低減が図られた。
◎松戸電車区
1982（昭和57）年11月8日
撮影：長谷川 明

首都圏路線に導入されたATCに対応する事業用車として登場したクモヤ143形電車。ATC作動時に必要な停止力を有し、かつ無動力の車両1両を牽引する性能を備える。また新性能電車と連結して協調運転ができる。松戸区配置の11番車は、新製された0番台車である。
◎松戸電車区
1982（昭和57）年11月8日
撮影：長谷川 明

馬橋駅の側線に留置されていた郵便車。写真左手のスユ16形2005番車は、側板の塗装が所々はげ落ちて錆が浮いている。その姿は来年に実施された鉄道郵便輸送の廃止を暗示しているかのようだった。国鉄が郵便輸送から全面撤退した1986（昭和61）年3月14日まで、同駅では荷物扱いを行っていた。
◎馬橋
1985（昭和60）年4月24日
撮影：長谷川 明

堂々の12両編成で電化区間を走るキハ58等気動車の急行列車。上野駅と水戸、平（現・いわき）、原ノ町の各駅を結んでいた急行は1970（昭和45）年に電車特急「ひたち」が登場するまで、常磐線の主力優等列車として最盛期には下り14本、上り12本を運転していた。◎北松戸　1982（昭和57）年11月8日　撮影：長谷川 明

住宅等が建て込む松戸市街地の快速線を走る特急「ひたち」。ボンネット型のクハ481が掲出するヘッドサインは、ショートノーズ型の車両が備える幕仕様のものに比べて大型で見栄えがした。マークの中にはL特急を表すデザイン化したLの文字が控えめに記載されていた。◎新松戸　1985（昭和60）年4月24日　撮影：長谷川 明

常磐線我孫子駅～綾瀬駅間が複々線化され、常磐緩行線と帝都高速度交通営団（営団地下鉄→現・東京地下鉄）千代田線の間で相互直通運転が始まった。国鉄は既存の103系電車に前面貫通扉など、地下鉄に乗り入れることができる装備を追加した、103系1000番台車を投入した。◎新松戸　1985（昭和60）年4月24日　撮影：長谷川 明

取手を境に電化方式が直流と交流に分かれる常磐線では、電化以降も荷物列車に気動車が充当されていた。キニ56は準急形気動車のキハ55を改造した荷物気動車である。昭和末期の塗装は朱色1色の首都圏気動車塗装ではあったが、正面周りの表情や側面に残されたバス窓に種車の面影を残していた。◎新松戸　1982（昭和57）年11月8日　撮影：長谷川 明

国際科学技術博覧会（つくば博）が茨城県筑波郡谷田部町（現・つくば市）で1985（昭和60）年3月17日から9月16日にかけて開催された。期間中、会場への輸送手段として常磐線牛久駅〜荒川沖駅間に仮設臨時駅万博中央駅を開設。ヘッドマークを掲げた臨時列車が数多く運転された。駅から会場へはシャトルバスを運行した。
◎北柏〜我孫子　1985（昭和60）年7月15日　撮影：長谷川 明

交直流仕様の急行形電車で運転する急行「もりおか」。上野駅〜盛岡駅間を常磐線、東北本線経由で結んでいた。1972（昭和47）年3月のダイヤ改正時に、それまで仙台着発だった急行「そうま」の運転区間を盛岡まで延長して生まれた列車であった。◎天王台〜我孫子　1982（昭和57）年11月9日　撮影：長谷川 明

むさしのせん
武蔵野線
府中本町～西船橋

武蔵野線の主力として活躍中のE231系0番台（左）・209系
500番台。◎京葉車両センター　2021（令和3）年11月20日

軽量ステンレス車体の標準型通勤電車の205系は武蔵野線・
京葉線内で大いに活躍した。
◎新八柱～新松戸　2017（平成29）年3月17日

◆千葉県内の区間

● 南流山（みなみながれやま）
● 新松戸（しんまつど）
● 新八柱（しんやはしら）
● 東松戸（ひがしまつど）
● 市川大野（いちかわおおの）
● 船橋法典（ふなばしほうてん）
● 西船橋（にしふなばし）

DATA

起 点	府中本町
終 点	西船橋
駅 数	26駅
開 業	1973（昭和48）年 4月1日
路線距離	71.8km
軌 間	1,067mm

※正式な区間は鶴見～府中本町間（100.6km）だが、鶴見～府中本町間には定期的な旅客運行はない。

京葉線内を走る武蔵野線直通の205系は2018年から廃車され、大部分がインドネシアに渡った。
◎潮見～新木場
2010（平成22）年7月11日

近代通勤型電車の先駆けとなった101系電車。武蔵野線へは火災対策の指針であるA基準に準じた改造を施行した1000番台車が充当された。A基準とは大都市および周辺地域の路線で、長大トンネルを有する区間を運転する車両を指す。
◎市川大野
1985（昭和60）年4月24日
撮影：長谷川 明

　横浜市鶴見区の鶴見駅と千葉県船橋市内の西船橋駅を結ぶ東日本旅客鉄道の路線。本線のほか、国立支線（新小平駅～国立駅間）、大宮支線（西浦和駅～別所信号場～与野間）、西浦和支線（武蔵浦和駅～別所信号場間）、北小金支線（南流山駅～北小金駅間）、馬橋支線（南流山駅～馬橋駅間）を有する。支線はいずれも貨物線だが「むさしの号」「しもうさ号」の旅客列車も運転される。また新秋津駅から西武鉄道の所沢駅まで、連絡線が延びている。当路線は輸送量が増大していた山手貨物線を代替する路線として昭和初期に計画された。しかし第二次世界大戦下で建設は凍結され、昭和30年代に入って建設が着工された。当初、新松戸駅～西船橋駅間は小金線として計画された。

　1973（昭和48）年4月1日に府中本町駅～新松戸駅間等が開業。1978（昭和53）年10月1日に新松戸駅～西船橋駅間が延伸開業して全通を迎えた。西船橋駅で京葉線と繋がって以降、京葉線と直通運転する列車が多く設定された。武蔵野線内の列車は1時間当たり6往復の設定で、南船橋駅（一部新習志野駅、海浜幕張駅）と東京駅発着の列車がほぼ交互に運転されている。

昭和50年代まで山手貨物線等、都内の各路線で活躍したデッキ付きの旧型電気機関車を置き換えたEF65形1000番台機。1071号機は1977（昭和52）年製で新製以来、新鶴見機関区の配置だった。空っ風が吹き渡る高架線上を、雪を載せた北国からの貨物列車を率いて走り抜けて行った。
◎南流山
1986（昭和61）年1月6日
撮影：長谷川 明

東北本線、常磐線などの貨物列車を牽引していた田端機関区所属のEF81は、鶴見駅〜府中本町駅間に建設された武蔵野南線に乗り入れる貨物列車運用にも進出した。田端機関区は国鉄の分割民営化でJR東日本の施設になったがJR貨物と委託契約を結び、同区に所属する電気機関車の貨物運用は存続した。
◎南流山
1986（昭和61）年1月6日
撮影：長谷川 明

昭和50年代より武蔵野線の運用に就いた103系電車は車両の世代交代などにより、他線区で余剰となった車両が転属して増備が進んだ。検査入場等で車体が路線色のオレンジバーミリオン（朱色1号）に塗り替えられるまで、前路線色の車両が正面に路線名を記した誤乗防止用のステッカーを貼り付けて運転した。
◎新松戸〜新八柱
1985（昭和60）年7月15日
撮影：長谷川 明

武蔵野線における旅客輸送の全区間である府中本町駅〜西船橋駅間の行先表示を掲出した103系電車。6両編成のうち、中間車2両は常磐快速線の列車が用いたエメラルドグリーン(青緑1号)で塗装されていた。異なる前所属路線から同形式車両で列車が組成されたことを物語る姿だった。◎市川大野　1985(昭和60)年7月15日　撮影：長谷川 明

小金線として1978(昭和53)年5月に建設工事が完了していた新松戸駅〜西船橋駅間は、同年10月2日に旅客営業のみを行う武蔵野線の延伸区間として開業した。すでに武蔵野線として営業していた西船橋駅の高架ホームには翌日の開業式典に向けて、祝賀看板などが準備されていた。◎西船橋　1978(昭和53)年10月1日　撮影：長谷川 明

1962（昭和37）年の時刻表

総武本線

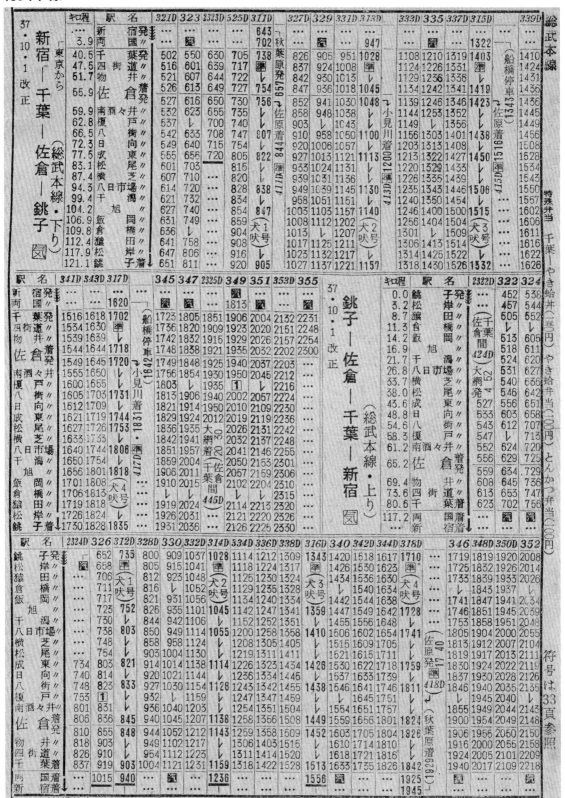

日本交通公社発行「時刻表」

成田線

新宿発 643┐　　両国発 947┐　　両国発 1322┐　　①　┌両国発 1620

成田線

37・1・10・改正

千葉—成田—佐原—銚子（成田線）圏

キロ程	駅名	421D	423	426D	427	411D	429D	864D	431	443	842D	433D	435D	437D	415D	439D	441	417D	443	445D	447D	449D
0.0	千葉発	455	…	639	728	738	811	841	932	1028	1043	1140	1241	1335	1403	1501	1606	1702	1740	1851	2028	2123
7.0	四街道〃	503	…	652	752		824	857	943	1054		1153	1300	1346		1521	1617		1751	1909	2038	2136
11.2	物井〃	509	…	657	803		830	902	950	1059		1203	1305	1352		1526	1623		1757	1915	2044	2141
15.4	佐倉〃	514	…	708	815	759	839	911	1000	1050	1107	1210	1315	1405	1427	1532	1634	1722	1804	1923	2052	2152
21.8	酒々井〃	522		717	828		846	919	1012		1114	1217	1320	1415		1539	1643		1816	1930	2059	2159
28.5	成田〃	532	809	734	839	818	858	938	1029	1118	1155	1228	1329	1433	1450	1551	1700	1736	1829	1944	2110	2207
34.5	久住〃	540	617	741			905	1037	1046			1235	1336	1440		1558	1708		1837	1951	2117	…
40.9	滑河〃	547	627	748			912					1242	1343	1447		1606	1716		1846	2002	2124	…
47.0	下総神崎〃	553	635	758			919		1112			1249	1350	1454		1613	1724		1854	2009	2131	441
51.5	大佐倉〃	559	641	803			925		1118			1254	1355	1459		1618	1730		1900	2014	2136	443
55.4	芦原〃	606	652	810			938	…	1128	1147		1301	1404	1519	1516	1626	1745	1817	1908	2024	2144	
59.0	香取〃	610	657	815			943	…	1133			1305	1409	1520		1631	1749		1914	2029	2148	
62.9	水郷〃	616	703	820			948	…	1139			1314	1414	1529		1636	1755		1921	2034	2153	
68.1	小見川〃	625	711	826			955	…	1147	1200		1321	1420	1535		1642	1803	1831	1942	2041	2159	…
73.1	笹川〃	632	718	832			1001		1157			1327	1426	1547		1648	1810		1954	2047	2205	…
78.3	下総橘〃	638	725	838			1008		1203			1334	1432	1547		1654	1817		1941	2053	2211	…
81.6	下総豊里〃	643	730	843			1016		1209			1339	1437	1552		1700	1824		1953	2100	2216	…
86.4	椎柴〃	649	737	848			1022		1216			1345	1442	1557		1705	1834		1953	2106	2221	…
90.8	松岸〃	659	746	854			1032		1228			1351	1448	1603		1714	1847		2000	2112	2228	…
94.0	銚子着		703	751	858		1036		1232			1355	1452	1607		1718	1851		2005	2116	2232	…

佐原—銚子（成田線）圏

キロ程	駅名	420D	424D	426D	438	412D	430D	837D	432D	414D	861D	434D	436D	438	416D	440D	442D	418D	444	446D	448D	450D
0.0	銚子発	…	…	506	546		712	…	835			958		1126	1229	1413	1535		1637	1742	1842	2044
3.2	松岸〃	…		512	552		716	…	840			1004	1134	1229		1422	1539		1643	1746	1850	2048
7.6	椎柴〃	438	…	518	559		722	…	849			1009	1139	1235		1427	1545		1649	1752	1855	2054
12.8	下総豊里〃	438	…	525	605		731	…	855			1015	1145	1242		1438	1557		1659	1758	1901	2059
15.7	下総橘〃	444	…	530	610		736	…	859			1019	1149	1247		1442	1557		1704	1802	1906	2104
20.9	笹川〃	…		536	617		742		912			1026	1156	1253		1448	1603		1710	1811	1912	2110
25.9	小見川〃	…		543	624	735	749		912			1032	1203	1301	1350	1456	1609		1718	1817	1928	2117
31.1	水郷〃	…		550	631	水郷号	756	…	918			1038	1209	1311	圏	1502	1615		1724	1827	1935	2123
35.0	香取〃	…		556	637	750	801	…	923			1045	1214	1317		1507	1620		1730	1831	1939	2128
38.6	佐原〃	…	458	605	649	750	810	…	931	1050		1101	1221	1323	1405	1517	1627	1740	1750	1840	1944	2142
42.6	大佐倉〃	…	503	611	655	806	815	…	936		我孫子発	1107	1226	1329		1522	1632	圏	1756	1845	1949	2147
47.0	下総神崎〃	…	508	617	701	船橋920	820	我孫子着	941			1115	1231	1335		1528	1638		1802	1855	1955	2152
53.1	滑河〃	…	515	626	709		833	8 48	948		水郷2号	1132	1243	1344	水郷4号	1534	1644		1810	1901	2001	2159
63.1	久住〃	…	521	634	718		840		954		我孫子発	1139	1249	1352		1541	1651		1818	1908	2008	2205
65.5	成田〃	457	534	644	734	820	855	940	1003	1123	10 48	1149	1258	1405	1432	1555	1716	1808	1828	1919	2018	2213
72.2	酒々井〃	505	542	654	745		903	948	1011			1147	1306	1414		1603	1729		1838	1930	2026	2221
78.6	佐倉〃	515	559	703	755	848	910	957	1019	1143		1157	1212	1318	1424	1452	1615	1736	1826	1855	1948	2234
82.2	物井〃	521	604	710	802	940	916		1022	船橋1216		1202	1217	1324	1430	両国1633	1624	1743	両国1922	1901	1941	2242
87.0	四街道〃	528	613	718	811	両国	922	1007	1039			1208	1223	1334	1439	両国1556	1634	1752		1908	1953	2249
94.0	千葉着	536	623	727	803	903	931	1023	1053	1159		1222	1231	1347	1454	1513	1642	1802	1842	1920	2001	2257

我孫子—成田圏（成田線・下り）

キロ程	駅名	831D	833D	835D	837D	821	859D	861D	↑	823	811D	843D	845D	847D	849D	851D
33.5	我孫子発	544	643	759	848	…	932	1015	1048	①	1132	1205	1337	1344	1446	1609	1710
36.9	東我孫子〃	548	647	803	852	…		1019	1052			1209	1266	1348	1450	1613	1714
39.8	湖北〃	553	654	808	857	上野発 842	941	1024	1057		1141	1214	1300	1353	1455	1621	1719
42.4	新木〃	557	658	812	901	↓		1028	1101		↓	1218	1304	1357	1459	1625	1723
45.4	布佐〃	602	703	818	905	圏	950	1033	1105		1149	1224	1311	1402	1505	1629	1727
47.5	木下〃	606	707	823	910	↓	954	1036	1109		1154	1229	1315	1406	1510	1633	1734
51.8	小林〃	612	712	829	918	千葉着 10 25	1002	1042	1115		1201	1235	1320	1416	1518	1638	1739
56.7	安食〃	620	718	835	924		1010	1048	1121	1209		1241	1326	1424	1524	1644	1745
61.5	下総松崎〃	626	724	841	930		1018	1054	1126	1217		1247	1332	1433	1534	1649	1751
66.4	圏成田着	633	731	848	937	…	1027	1101	1133	1226		1254	1339	1439	1541	1656	1758

（成田線・下り）

駅名	853D	825	855D	857D	859D	827		822		824	832D	826

駅名	853D	825	855D	857D	859D	827
我孫子発	1813	1840	1925	2016	2120	2159
東我孫子〃	1817		1930	2020	2124	2204
湖北〃	1822	1850	1935	2025	2129	2209
新木〃	1826	↓	1939	2029	2133	2214
布佐〃		圏	1943	2033	2138	2219
木下〃	1850	1902	1947	2041	2141	2224
小林〃	1834	1906	1953	2043	2147	2235
安食〃	1839	1914	1959	2048	2152	2243
下総松崎〃	1846	1922	2005	2053	2158	2250
圏成田着	1858	1939	2012	2101	2205	2304

37・10・1訂補

成田—我孫子圏（成田線・上り）

キロ程	駅名	822		824	832D
0.0	圏成田発	440	…	516	541
5.1	下総松崎〃	448		525	548
9.7	安食〃	455		534	554
14.6	小林〃	504	圏	543	600
18.9	木下〃	511	上	552	608
20.8	布佐〃	516	野着	601	615
24.0	新木〃	↓	620		620
26.6	湖北〃	526	712	613	626
29.5	東我孫子〃	↓		630	630
32.9	我孫子着	535		622	635

駅名	826
我孫子発	604
東我孫子〃	613
湖北〃	621
新木〃	630
布佐〃	638
木下〃	644
小林〃	圏
安食〃	上野着 804
下総松崎〃	703
成田着	712

37・10・1訂補

（成田線・上り）

駅名	834D	836D	838D	864D		840D	842D		844D	846D	828		848D	850D	852D	854D	856D	858D	860D	862D
成田発	652	745	900	938		1034	1155		1238	1352	1424	…	1500	1608	1710	1828	1921	2022	2109	2215
下総松崎〃	659	751	906	944	千葉着45	1041	1201	千葉発 45	1245	1358	1432	…	1506	1614	1716	1838	1931	2028	2115	2221
安食〃	704	757	912	950		1049	1210		1253	1404	1439	…	1512	1620	1722	1847	1936	2034	2121	2227
小林〃	715	804	919	1003		1054	1216		1300	1412	1448	…	1519	1625	1727	1852	1942	2044	2126	2236
木下〃	719	810	925	1008		1100	1221		1307	1418	1456	圏	1529	1634	1733	1858	1948	2050	2132	2243
布佐〃	723	817	929	1012		1106	1225		1310	1421	1504		1529	1637	1737	1901	1951	2053	2138	2246
新木〃	728	822	934	1016		1111	1229		1315	1426		野着16 14	1533	1642	1742	1906	1956	2058	2143	2251
湖北〃	734	826	943	1024		1116	1233	1514	1319	1430			1558	1646	1746	1910	2001	2102	2147	2257
東我孫子〃	739	830	948	1028		1119	1238		1325	1434			1542	1650	1750	1914	2005	2106	2151	2301
我孫子着	744	835	953	1033		1124	1242		1328	1439	1523		1547	1655	1755	1919	2010	2111	2156	2306

難読駅　我孫子（あびこ）　　圏 … 佐倉．成田

一部列車に多少の変更があります。　1月3日～31日まで臨時列車運転のため

房総西線、房総東線

下り 房総西線 上り 房総東線

新宿―千葉―木更津―館山―安房鴨川（房総西線・下り）

キロ程	駅名	121D	123D	125D	2121D	127D	2125D	131D	2135D	133D	111D	135D	2137D	137D	113D	139D
40.5	千葉発	…	…	430	505	535	617	638	717	722	755	823	857	931	1038	1047
42.3	本千葉	…	…	433	508	538	620	641	721	726		826	903	934		1051
44.7	蘇我	…	…	437	512	542	624	647	725	732		830	908	938		1055
48.1	浜野	…	…	441	516	547	629	654	729	737	內房1号	834	912	942	內房2号	1100
50.3	八幡宿	…	…	445	520	553	633	659	733	744		838	916	946		1104
54.0	五井	…	…	450	526	600	639	707	737		849	845	921	952		1110
59.8	姉ヶ崎	…	…	456	535	607	645	713	…	755		853	927	958		1117
65.2	長浦	…	…	502	541	613	651	722	…	801		859	934	1006		1123
69.1	巌根	…	…	507	545	618	656	728	…	806	826	904	939	1010		1128
72.2	木更津着	…	…	511	552	623	700	733	…	810		908	943	1015		1132
76.0	木更津発	…	…	515	556	627	704	737	…	814	833	913	947	1019	1108	1136
83.0	君津	…	…	518	…	633	…	740	…	817	835	915	…	1023	1109	1141
86.7	青堀	…	…	526	…	640	…	747	…	830		923	…	1030		1149
91.3	大貫	…	…	532	…	646	…	752	…	851		927	…	1035	1125	1153
95.4	佐貫町	…	…	537	…	651	…	757	…	858		933	…	1041		1159
99.8	上総湊	…	…	543	…	657	…	803	…	903		941	…	1046		1204
104.9	竹岡	…	…	548	…	704	…	811	…	909	858	949	…	1052	1134	1210
108.7	浜金谷	…	…	554	…	710	…	817	…	915		955	…	1058		1216
112.2	保田	…	…	559	…	715	…	825	129D	920		1005	…	1107		1221
115.5	安房勝山	…	…	604	…	720	…	830	830	925		1010	…	1117		1226
118.4	岩井	…	…	608	…	725	…	834	744	930		1014	…	1122		1231
124.5	富浦	…	…	613	…	731	…	843	752	934		1019	…	1126		1235
126.8	那古船形	…	…	620	…	739	…	853	759	944		1026	…	1134		1243
130.6	館山着	…	…	624	…	744	…	858	804	948		1030	…	1138		1247
	館山発	…	…	628	…	748	…	902	808	952	929	1034	…	1142	1205	1251
136.4	九重	500	546	630	…	752	…	904		958	931	1050	…	1208	…	1254
141.3	千倉	505	552	636	…	758	休運日休	910		1004		1057	…	1214	…	1300
143.3	千歳	516	559	643	…	805		917		1011	942	1105	…	1221	…	1307
146.9	南三原	519	602	646	…	808	…	920		1014		1108	…	1224	…	1310
151.5	和田浦	523	610	650	…	814	…	924		1029		1117	…	1229	…	1315
156.1	江見	529	615	703	…	820	…	930		1035		1122	…	1237	…	1320
160.7	太海	535	621	708	…	826	…	936		1041	1000	1128	…	1242	…	1326
164.1	安房鴨川着	541	627	714	…	832	…	942		1047	1008	1134	…	1248	…	1332
	安房鴨川着	546	632	719	…	837	…	946		1051	1013	1139	…	1253	…	1336

安房鴨川―勝浦―大原―大網―千葉―新宿（房総東線・上り）

キロ程	駅名	222	224D	226D	228D	2230D	232D	234D	212D	236D	2237D	238D	240D	214D
0.0	安房鴨川発	…	…	…	454	…	548	635	725	738	…	854	948	1020
5.5	安房天津	…	…	…	500	…	554	641		744	…	900	964	
9.0	安房小湊	…	…	…	505	…	559	646	734	749	…	905	959	1029
16.0	上総興津	…	…	…	514	…	608	654		757	…	913	1008	
18.8	鵜原	…	…	…	518	…	612	659		802	…	918	1012	
22.3	勝浦	400	…	450	529	…	620	706	749	809	…	926	1022	1046
27.8	御宿	408	…	456	536	…	627	713		816	…	933	1026	
32.7	浪花	415	…	503	542	…	633	719		822	…	939	1033	
36.0	大原着	420	…	506	546	…	637	723	804	826	…	943	1036	1100
	大原発	420	…	513	547	…	644	727	804	827	…	944	1040	1101
39.6	三門	425	…	517	552	…	648	731		831	…	949	1044	
41.2	長者町	429	…	520	555	…	651	735		834	…	956	1047	
43.9	太東	433	…	524	559	…	655	739		838	…	956	1051	
47.0	東浪見	439	…	529	605	…	700	744		843	…	1000	1056	
50.3	上総一宮	446	…	535	610	635	705	749	819	852	…	1005	1106	
54.3	八積	451	…	540	615	640	713	755		857	…	1010	1111	1123
58.9	茂原	458	522	547	623	646	722	803	828	908	940	1015	1118	1128
61.8	新茂原	↓	526	551	627	650	726	807		912	944	1019	1122	
65.5	本納	508	534	556	633	704	731	812		920	948	1024	1141	
67.9	永田	↓	537	600	636	708	735	816		926	952	1029	1145	
70.4	大網着	514	541	604	640	713	739	820	839	930	956	1031	1149	1139
	大網発	524	545	608	646	717	743	827	843	935	1000	1035	1154	1143
75.1	土気	536	554	618	656	726	752	836		944	1008	1044	1205	
80.6	誉田	545	602	627	706	734	800	843		950	1015	1054	1211	
84.4	鎌取	↓	607	633	713	739	808	849		955	1019	1059	1216	
89.4	蘇我	558	615	642	722	747	815	856		1001	1026	1107	1225	
91.8	本千葉	603	621	646	727	751	819	900		1005	1030	1116	1230	
93.6	千葉着	607	624	650	731	754	822	904	910	1009	1034	1120	1233	1211

国電標準連絡時刻

千葉発	614	636	659	739	811	829	912	915	…	1018	1044	1130	1240	1219
両国着	659	…	730	753	833	905	920	1008	…	1110	1135	1218	1323	1254
秋葉原			735	758	838	910	925	1014	…	1112	1137	1222	1333	
御茶ノ水	直通	738	800	840	912	927	1016	直通	1112	1140	1224	1335	直通
新宿着		756	758	858	931	945	1034		1130	1156	1242	1352	

のりかえ　総武本線…269頁、成田線…274頁、東金線…267, 268頁、木原線・久留里線…266～268頁
総武線（国電）…105頁

939	1008	1113	1134	1202	…	1258	1359	1416	1447	1507	…	1549	1617	…	1751	1822	1847				新宿
956	1026	1129	1150	1218	…	1316	1413	1434	1504	1525	…	1606	1634	…	1809	1839	1904	2020	2058		御茶ノ水
958	1028	1152	1152	1230	直通	1319	1417	1436	1506	1527	直通	1608	1636	直通	1811	1841	1906	2022	2100		秋葉原
1003	1032	1136	1156	1234	1338	1324	1421	1440	1510	1531	1634	1612	1651	1720	1815	1846	1911	2027	2105		両国
1057	1123	1224	1245	1313	1417	1414	1511	1535	1603	1624	1710	1706	1733	1809	1908	1938	2003	2120	2157		千葉

2139D	141D	143D	2187D	145D	115D	147D	149D	2141D	151	2139D	117D	153	2131D	159	161D	2133D	168D	165D	2135D	駅名
1112	1131	1234	1252	1331	1420	1428	1519	1545	1612	1634	1713	1721	1749	1814	1918	1944	2019	2125	2205	千葉
1116	1134	1238	1256	1335		1431	1523	1549	1617	1638		1725	1753	1818	1922	1948	2023	2128	2208	本千葉
1120	1139	1242	1300	1339	圏内房3号	1436	1527	1553	1622	1643	圏内房4号	1732	1757	1826	1927	1952	2027	2132	2212	蘇我
1124	1144	1246	1305	1343		1442	1532	1558	1628	1648		1738	1803	1832	1932	1956	2032	2137	2217	浜野
1129	1149	1250	1309	1347		1446	1536	1603	1633	1652		1742	1807	1837	1937	2000	2036	2141	2221	八幡宿
1135	1201	1256	1316	1352		1451	1542	1609	1640	1657		1750	1817	1843	1943	2006	2043	2148	2226	五井
1142	1207	1324	1324	1359		1457	1547	1615	1647			1758	1832	1851	1949	2012	2049	2154	2232	姉ヶ崎
1152	1213	1308	1330	1405		1506	1555		1654			1807	1838	1858	1955	2018	2055	2201	2238	長浦
1157	1220	1314	1337	1410		1511	1559	…	1701		船橋停車1654	1813	1843	1904	2000	2023	2100	2207	2243	檜根
1201	1224	1319	1341	1415		1515	1605	…	1706			1818	1847	1909	2004	2028	2105	2211	2247	木更津
1205	1228	1323	1346	1419	1452	1519	1609	…	1712		1746	1823	1852	1914	2009	2032	2109	2216	2252	君津
…	1234	1330	…	1421	1456	1522	1616	…	1714		1754	1826	…	1924	2011	…	2115	2220	…	青堀
…	1242	1338	…	1428		1530	1624	…	1723			1835	…	1933	2018	…	2122	2227	…	大貫
…	1250	1346	…	1433		1536	1633	…	1731			1841	…	1939	2023	…	2127	2232	…	佐貫町
…	1255	1351	…	1439		1542	1639	…	1739	1809		1847	…	1945	2028	…	2132	2237	…	上総湊
…	1300	1357	…	1448	船橋停車00 14	1547	1644	…	1745			1856	…	1951	2034	…	2145	2243	…	竹岡
…	1306	1402	…	1455		1553	1650	…	1751			1902	…	1958	2040	…	2151	2248	…	浜金谷
…	1312	1408	…	1501		1559	1656	…	1758			1908	…	2005	2046	…	2157	2254	…	保田
…	1317	1418	…	1506		1604	1706	…	1805			1914	…	2010	2051	…	2205	2259	…	安房勝山
…	1322	1426	…	1511		1609	1719	…	1811			1920	…	2017	2056	…	2208	2304	…	岩井
…	1326	1431	…	1516		1613	1723	…	1816			1925	…	2022	2100	…	2212	2308	…	富浦
…	1331	1435	…	1521		1618	1728	…	1821			1930	…	2027	2104	…	2217	2313	…	那古船形
…	1338	1442	…	1528		1625	1736	…	1830			1938	…	2036	2111	…	2224	2320	…	館山
…	1341	1446	…	1535		1629	1740	…	1836			1945	…	2044	2115	…	2227	2324	…	九重
…	1345	1450	…	1539	1548	1633	1744	153D	1841		1848	1950	157D	2049	2119	…	2231	2328	…	千倉
…	1348	1458	…	1559	1550	1640	1800	1852				1954		2128		…	2236		…	千歳
…	1355	1504	…	1605		1650	1806	1858				2000		2134		2242			…	南三原
…	1402	1511	…	1616	1601	1658	1815	1905				2007		2141		2249			…	和田浦
…	1405	1514	…	1619		1702	1818	1908				2010		2144		2252			…	江見
…	1409	1519	…	1624		1718	1823	1913				2015		2148		2256			…	太海
…	1415	1525	…	1635		1724	1829	1919				2020		2154		2302			…	安房鴨川
…	1420	1530	…	1640		1729	1835	1925				2026		2200		2308			…	
…	1427	1541	…	1646	1625	1735	1843	1931				2032		2206		2314			…	
…	1431	1541	…	1651	1630	1740	1846	1936				2036		2210		2518			…	

特殊弁当 大網～とり弁当（一〇〇円）

242D	2224D	244D	246D	216D		248D	2276D	250D	252D	218D		254D	256D	258D	260D	262D	264D	266D		駅名
1054	…	1149	1256	1340		1355	…	1452	1544	1637	…	1655	…	1755	1904	1946	2040	2214		安房鴨川
1100	…	1155	1302			1401	…	1458	1554		…	1701	…	1801	1910	1952	2046	2223		安房天津
1105	…	1200	1307	1349		1406	…	1503	1606	1646		1706	…	1806	1915	1957	2051	2227		安房小湊
1113	…	1209	1315	1358		1416	…	1513	1616			1714	…	1822	1923	2009	2059	2236		上総興津
1118	…	1213	1320			1420	…	1517	1620			1719	…	1826	2013	2104	2240			鵜原
1128	…	1222	1327	1406		1427	…	1524	1627	1703		1727	…	1836	1937	2028	2120	2245		勝浦
1135	…	1229	1333	1413		1434	…	1531	1633			1734	…	1843	1944	2037	2127			御宿
1146	…	1235	1340			1440	…	1541	1640			1740	…	1849	1951	2044	2135	…		浪花
1149	…	1239	1343	1421		1444	…	1545	1643	1717		1744	…	1853	1954	2047	2137	…		大原
1153	…	1246	1345	1422		1448	…	1546	1650	1718		1745	…	1854	1955	2050	2141			
1157	…	1250	1350		外房3号	1452	…	1551	1655		外房4号	1749	…	1858	2000	2054	2146			三門
1200	…	1253	1352			1455	…	1553	1657			1752	…	1901	2002	2057	2148			長者町
1204	…	1257	1356			1459	…	1557	1701			1756	…	1905	2009	2101	2152			太東
1209	…	1302	1401			1504	…	1602	1706			1801	…	1909	2013	2105	2157			東浪見
1218	…	1308	1407			1512	…	1608	1712	1732		1808	1832	1914	2020	2110	2201			一宮
1223	…	1317	1412			1518	…	1616	1717			1813	1837	1919	2025	2115	2209			八積
1231	1250	1323	1419	1444		1528	1549	1622	1723	1741	両国千葉間圏	1820	1843	1926	2030	2121	2214			茂原
1235	1254	1327	1422		両国千葉間圏	1532	1553	1626	1727		新宿千葉間圏	1824	1847	1930	2034	2125				本納
1240	1302	1334	1426			1536	1601	1631	1731	1751		1828	1851	1938	2039	2130	2222			永田
1244	1306	1338	1430		116D	1540	1604	1634	1735		118D	1832	1855	1941	2042	2134	2226			綱島
1247	1309	1342	1434	1455		1544	1608	1638	1739	1757		1836	1859	1945	2046	2137	2230			大網
1251	1314	1346	1438	1500		1549	1615	1645	1742	1801		1839	1904	1951	2051	2144	2233			土気
1303	1323	1354	1447			1558	1620	1654	1751			1848	1913	2000	2059	2163	2244			誉田
1309	1332	1401	1458			1604	1628	1702	1757			1854	1919	2006	2106	2159	2250			鎌取
1313	1336	1405	1503			1609	1632	1707	1802			1901	1926	2011	2110	2204	2255			蘇我
1321	1343	1412	1510			1616	1639	1716	1810			1908	1934	2018	2117	2210	2301			本千葉
1324	1349	1415	1514			1619	1646	1726	1818			1913	1939	2023	2122	2213	2304			千葉
1328	1353	1419	1518	1527		1623	1650	1729	1821	1829		1917	1943	2027	2124	2217	2508			
1335	1359	1433	1528	1535		1637	1703	1740	1832	1835	…	1924	1954	2038	2131	2230	2318			千葉
1424	1447	1524	1619	1610		1728	1756	1833	1930	1912		2017	2045	2130	2220	2318	006			両国
1428	1451	1528	1625			1733	1801	1838	1934	1915		2022	2050	2135	2224	2322	010			秋葉原
1430	1453	1532	1627	直通		1735	1803	1840	1936	直通		2024	2052	2137	2226	2324	012			御茶ノ水
1448	1510	1547	1642			1752	1822	1857	1955					2156						新宿

名産　千葉　落花煎餅（一〇〇円）・南京さん（一〇〇円）

難読駅　東浪見（とらみ）　誉田（ほんだ）

房総西線、房総東線（続き）

新宿ー千葉ー大網ー大原ー勝浦ー安房鴨川（房総東線・下り）

37.10.1改正

国電標準連絡時刻			...	...	...	435	...	700 直通	...	...	708	729	828	...	...	939	1008
新宿発			...	...	...	451	549		...	649	725	746	845	直通	...	956	1026
御茶ノ水			...	...	...	453	551	712	...	651	727	746	847		...	958	1028
秋葉原			...	...	405	457	555	716	...	656	731	754	852	957	...	1003	1032
両国			...	...	454	546	645	751	...	755	824	847	946	1033	...	1057	1123
千葉着																	

キロ程	駅名	221D	223D	225D	227D	229D	211D	231D	2221D	233D	235D	213D	237D	2223D
40.5	千葉 葉発	...	...	510	600	657	758	...	809	833	854	955	1105	1135
42.3	本千葉	...	...	513	605	701		...	813	836	858	958	1109	1138
44.7	蘇我	...	...	517	613	705	外1房号	...	817	840	905	1002	1113	1142
49.7	鎌取	...	...	523	620	712		...	824	848	911	1009	1120	1149
53.5	誉田	...	...	528	625	718		...	829	857	917	1016	1128	1157
59.0	土気	...	...	535	633	727		...	836	904	924	1023	1135	1204
63.7	大網 着発	...	...	542	639	734	822	...	842	910	931	1030 1037	1104 1107	1142 1150 1211 1214
66.2	永田	...	...	550	648	749		...	849	918	942	1040		1153 1218
68.6	本納	...	...	557	655	753	835	...	853	922	950	1044		1157 1222
72.3	新茂原	...	...	601	659	758		...	858	926	954	1049		1202 1226
75.2	茂原	...	...	608	707	805	841	...	903	930	1001	1054	1118	1206 1230
79.8	八積	...	...	616	715	810		...	908		1011	1100		1212
83.8	上総一ノ宮	...	...	624	721	820	850	...	914		1019	1115		1217
87.1	東浪見	...	...	628	725	824		...	918		1023	1119		1221
90.2	太東	...	...	632	729	828		...	922		1027	1125		1226
92.9	長者	...	...	636	734	835		...	926		1031	1143		1230
94.5	三門	...	...	639	737	838		...	929		1034	1146		1233
98.1	大原 着発	...	...	643 645	741 743	842 843	905 905	...	933 934		1038 1039	1150 1151	1140 1141	1237 1245
101.4	浪花	...	...	649	747	848		...	941		1043	1156	1141	1249
106.3	御宿	...	...	655	756	854		...	950		1053	1202	1150	1255
111.8	勝浦	505	558	704	807	904	923	959		1104	1218	1200	1306
115.3	鵜原	509	603	709	812	908		1003		1108	1223		1310
118.1	上総興津	515	608	713	816	914		1008		1114	1227	1210	1315
125.1	安房小湊	524	619	722	825	923	937	1016		1123	1237	1218	1325
128.6	安房天津	529	625	731	835	928		1026		1128	1242		1330
134.1	安房鴨川着	535	630	737	841	934	947	1032		1133	1248	1228	1336

◎国電連絡時刻は平日の運転時刻です。休日等には多少の相違があります。

安房鴨川ー館山ー木更津ー千葉ー新宿（房総西線・上り）

37.10.1改正

キロ程	駅名	2122D	2124D	122D	2126D	124	126D	128	130D	2130D	132	134D	112D	136D	2140D	138D	140D
0.0	安房鴨川発	...	...	...	...	445	...	547	...	...	...			640	...	747	846
3.4	太海	...	...	...	...	450	...	552	...	...	...			645	...	752	851
8.0	江見	...	...	...	...	456	...	558	...	...	...			651	...	758	857
12.6	和田浦	...	...	...	...	501	...	603	...	...	...	休運日休		656	...	804	902
17.2	南三原	...	...	...	...	507	...	609	...	...	...			702	...	813	908
20.8	千歳	...	...	...	...	511	...	613	...	...	...			706	...	818	912
22.8	千倉	...	...	...	...	515	...	616	...	...	...	700		710	...	822	918
27.7	九重	...	...	...	...	521	...	623	...	...	...	706		716	...	828	924
33.5	館山 着発	...	...	...	...	527	...	629	...	...	...	712		722	...	834	930
37.3	那古船形	...	...	433	...	459	...	535	...	...	...		736	749	...	837	935
39.6	富浦	...	...	437	...	505	...	541	...	...	...	720	743	753	...	843	939
45.7	岩井	...	...	441	...	509	...	545	...	...	...	724		800	...	851	943
48.6	安房勝山	...	...	448	...	518	...	554	...	...	...	733 737		810	...	858	950
51.9	保田	...	...	452	...	523	...	559	...	...	...		内1房号	814	...	903	955
55.4	浜金谷	...	...	457	...	528	...	605	...	...	...			819	...	912	1004
59.2	竹岡	...	...	501	...	534	...	611	...	...	...			824	...	922	1009
64.3	上総湊	...	...	506	...	539	...	616	...	...	...			828	...	926	1015
68.7	佐貫町	...	...	512	...	549	...	624	...	...	...		810	835	...	934	1021
72.8	大貫	...	...	518	...	558	...	630	...	...	上総亀山発619			840	...	940	1027
77.4	青堀	...	...	523	...	607	...	637	...	...				857	...	946	1036
81.1	君津	...	...	531	...	613	...	645	...	...				902	...	951	1040
88.1	木更津 着発	...	...	535 542	...	618 627	...	650 700	...	2128D	722		810 834	907 914	...	956 1003	1040 1047
91.9	巌根	457	...	546	608	634	...	705	717	726	815		837	920	951	1009	1049
95.0	楢葉	501	...	551	613	640	...	711	722	734	821			924	955	1016	1103
98.9	長浦	507	...	555	619	645	...	716	727	739	825		船橋停車	929	1000	1020	1108
104.3	姉ヶ崎	512	...	601	624	652	...	722	732	744	831			935	1005	1026	1116
110.1	五井	518	540	609	631	659	...	729	737	757	838			942	1012	1032	1123
113.8	八幡宿	525	547	617	644	708	...	738	751	809	846			951	1020	1038	1128
116.0	浜野	530	552	623	649	714	...	745	756	814	851			956	1025	1046	1132
119.4	蘇我	534	558	629	653	719	...	749	803	818	856			1000	1029	1050	1137
121.8	本千葉	540	603	636	659	727	...	757	808	824	909			1006	1035	1057	1137
123.6	千葉着	544 548	607 611	641 645	703 707	735 739	...	804 808	812 816	828 832	914 917		912	1010 1014	1042 1045	1108 1111	1137 1145

国電標準連絡時刻	千葉発	601	617	654	714	747	...		815	829	841	931		915	1023	1054	1120	1204
	両国着	652	711	748	808	840		910	920	932	1023		950	1112	1143	1210	1252
	秋葉原	656	716	753	813	845			925	938	1028			1116	1147	1215	1256
	御茶ノ水	659	718	755	815	848	直通		927	941	1030	直通		1118	1149	1215	1256
	新宿着	716	737	814	834				945	958	1047			1135	1206	1235	1317

㊆…館山　圏…千葉.館山.木更津　◐…館山.木更津.千葉

239D	241D	243D	215D		2225D	245D	247D	249D	217D		251D	253D	255D	257	259D	261D	263D	265D	駅名
1059	1151	1239	…	(船橋1400)	1310	1349	1431	1513	…	…	1549	1635	1645	…	1741	1840	…	…	新宿
1115	1207	1257	…		1328	1406	1449	1530	…	…	1606	1652	1702	…	1758	1857	2001	2112	御茶ノ水
1117	1209	1259	直通		1330	1408	1451	1532	直通		1608	1654	1704	直通	1801	1859	2003	2114	秋葉原
1121	1213	1303	1338		1334	1412	1455	1536	1634		1612	1659	1709	1740	1805	1904	2008	2118	両国
1212	1302	1352	1417		1427	1502	1550	1631	1710		1706	1751	1801	1830	1857	1957	2100	2211	千葉
1217	1310	1402	1424	…	1434	1511	1605	1638	1715		1717	1800	1811	1838	1908	2007	2105	2218	葉葉
1220	1314	1405	〓		1440	1516	1610	1643	〓		1721	1804	1814	1842	1913	2014	2109	2221	我孫
1224	1320	1411	外3号		1446	1522	1615	1649	外4号		1728	1808	1828	1849	1918	2018	2116	2225	取田
1231	1326	1418	千両国間車		1452	1528	1622	1656	千両国間車		1735	1819	1835	1859	1925	2025	2123	2231	気網
1236	1331	1423			1458	1534	1627	1701			1743	1824	1840	1905	1931	2030	2128	2236	田納
1243	1338	1430	1448		1509	1541	1634	1709	1740		1752	1831	1849	1915	1938	2038	2135	2243	原原
1249	1345	1437	1455		1516	1548	1641	1715	1746		1759	1838	1855	1921	1946	2044	2142	2253	横官
1253	1348	1440	1459	115D	1523	1552	1644	1720	117D		1803	1841	1905	1930	1949	2048	2146	2253	見東
1257	1352	1444	↓		1527	1556	1647	1724			1806	1845	東金着	1937	1953	2051	2149	2257	町門
1301	1355	1451	↓		1537	1600	1651	1732			1810	1852			1957	2059	2153	2300	
1305	1400	1455	↓		1542	1605	1656	1736			1815	1857	1937		2001	2103	2158	2305	大
1310	1405	1500	1510		1545	1610	1701	1742	1757		1820	1901		1946	2009	2108	2203	2309	永本新茂八一東展三
1316	1413	1505	1517		…	1615	1707	1747		船橋停車16·54	1826	1907		1952	2014	2116	2208		原横宮見東
1322	1419	1510	↓		1621	1714	1752	1807			1831	1914		1958	2030	2121	2213		原
1326	1423	1515	↓		1625	1718					1836	1919		2003	2034	2125	2218		
1331	1432	1521	↓		1629	1727					1840	1923		2008	2039	2129	2222		
1335	1438	1539	↓		1633	1731					1844	1927		2016	2042	2133	2226		
1338	1440	1541	↓		1636	1734					1846	1929		2019	2045	2136	2228		
1342	1444	1545	1536		1640	1738	…	1821			1850	1933		2024	2049	2140	2232	大
1346	1445	1547	1537		1644	1746	…	1822			1855	1934		2025	2051	2141	2233	浪御
1350	1450	1551	↓		1648	1750	…				1859	1938		2030	2055	2145	2257	者勝
1356	1455	1557	↓		1654	1756	↓				1905	1944		2037	2101	2151	2243	鵜
1407	1504	1607	1551		1704	1805	↓	1837			1914	1959		2044	2110	2159	2252	上総
1411	1508	1611	↓		1709	1809	…				1918	2003			2114	2204	2256	安 花御勝鴨
1416	1513	1616	↓		1715	1816	…				1924	2008		〓	2119	2208	2301	清浦原津川
1424	1521	1624	1606		1724	1825	…	1852			1933	2017			2127	2217	2309	花御勝
1430	1527	1629	↓		1733	1830	…				1938	2022			2132	2222	2314	
1435	1532	1635	1615		1738	1836	…	1901			1943	2028			2138	2227	2320	

名産 千葉―落花焼餅二〇〇円

142D	114D	2142D	144D	146D	2132D	116D	148D	150D	2134D	152D	154D	118D	2136D	156D	158D	160D	162D	164D	166D	168D	駅名
949	1000	…	1053	1143	…	1300	1345	…	1440	1542	1620	…	1640	1745	1848	1950	2045	2143	2232		川
954	1007	…	1059	1148	…	1305	1350	…	1445	1547		1648	1750	1853	1958	2050	2148	2237		都
1002	↓	…	1105	1155	…	1312	1356	…	1451	1553	↓	1654	1756	1859	2001	2056	2201	2243		見田
1023	↓	…	1110	1200	…	1321	1401	…	1457	1558	↓	1703	1801	1905	2007	2101	2206	2248		江三
1029	↓	…	1116	1207	…	1327	1410	…	1503	1607	↓	1708	1807	1914	2016	2107	2211	2257		和重
1033	↓	…	1120	1211	…	1331	1414	…	1507	1611	↓	1712	1811	1918	2020	2111	2216	2301		南山
1036	1027	…	1124	1222	…	1335	1417	…	1512	1615	1644	1716	1814	1922	2023	2114	2219	2305		千
1042	↓	…	1131	1228	…	1341	1424	…	1519	1623	↓	1722	1821	1928	2029	2121	2225	2311		九
1048	1038	…	1137	1234	…	1347	1430	…	1525	1629	1655	1728	1827	1931	2035	2127	2231	2317		館
1052	1044	…	1145	1240	…	1355	1401	1432	…	1529	1634	1700	1732	1834	1939	2038	2142	…	…	形
1056	〓	…	1150	1248	…	〓	1405	1436		1534	1638	〓	1739	1846	1944	2042	2147	…	…	浦井
1100	内2号	…	↓	1200	1252	…	内3号	1409	1443		1543	1642	内4号	1743	1850	1948	2046	2150	…	…	田三
1107		…	1207	1259			1416	1450		1550	1649		1750	1857	1955	2053	2158	…	…	倉重
1112		…	1211	1303			1420	1454		1554	1653		1754	1902	2000	2102	2202	…	…	岩
1116	↓	…	1215	1308	…		1425	1459		1558	1658		1758	1906	2004	2106	2208		勝保
1121	↓	…	1222	1318			1430	1506		1605	1703		1804	1915	2012	2111	2213		浜竹
1126	↓	…	1226	1322	…		1435	1510		1609	1707		1809	1920	2017	2116	2218		漢
1135	↓	…	1233	1328	…	1427	1442	1519		1616	1714		1819	1927	2024	2124	2224		佐賀貫
1141	↓	…	1238	1334			1449	1525		1621	1720		1825	1933	2034	2129	2230		大畑
1146	1125	…	1244	1339	…	1440	1455	1531		1627	1725	1739	1831	1946	2039	2135	2240		背岩
1154	↓	…	1249	1345			1507	1538		1633	1732	↓	1842	1952	2045	2140	2246		君津
1158	↓	…	1254	1349			1511	1542		1637	1736	↓	1846	1957	2049	2145	2250		木更
1206	1140	…	1301	1357	…	1454	1518	1550		1644	1743	1753	1854	2004	2057	2152	2258		
1210	1140	1237	1304	1401	1434	1455	1526	1600	…	1652	1750	1756	1902	2012	2100	2157	…	根
1214	↓	1241	1308	1406	1439	↓	1531	1604	…	1656	1807		1910	2016	2104	2202	…	巌葉浦
1219	↓	1246	1313	1412	1446	↓	1535	1609	…	1703	1814		1914	2024	2109	2206	…	權勝
1224	(船橋停車12·54)	1251	1318	1417	1451	↓	1540	1614	…	1709	1819		1919	2029	2114	2212	…	長浦姉
1230		1303	1324	1423	1458		1549	1620	1655	1716	1825		1925	2035	2120	2218	…	五八
1237		1314	1332	1434	1505		1556	1627	1708	1728	1832		1901	1932	2042	2126	2227	…	幡野
1242		1319	1337	1438	1509		1602	1632	1713	1733	1837		1906	1939	2047	2131	2232	…	浜蘇
1247		1323	1344	1443	1513		1606	1637	1721	1739	1840		1910	1942	2050	2138	2238	…	本千
1253		1329	1349	1448	1528		1611	1646	1727	1746	1846		1916	1948	2055	2143	2243	…	千
1257	↓	1334	1353	1452	1531		1615	1649	1732	1752	1849		1922	1951	2059	2147	2246	…	葉国両秋茶宿
1301	1216	1337	1357	1456	1535	1531	1619	1653	1736	1756	1853	1832	1925	1955	2103	2151	2250	…	
1306	1219	1348	1411	1508	1547	1535	1624	1703	1748	1804	1903	1835	1938	2000	2117	2207	2254	…	
1355	1254	1436	1500	1601	1638	1610	1715	1757	1839	1855	1954	1912	2030	2051	2206	2257	2343	…	
1359		1440	1504	1605	1645		1719	1801	1843	1900	1958	1915	2035	2056	2210	2301	2347	…	
1401	直通	1442	1506	1607		直通	1721	1804	1846	1902	2001	直通	2057	2058	2212	2303	2349	…	
1418	…	1500	1522	1624	1702	…	1739	1822	…	1919	2019	1930								

◎国電連絡時刻は平日の運転時刻です。休日等には多少の相違があります。

南京さん(一〇〇円)

木原線

37·10·1 訂補	大原—上総中野 (木原線・下り)	キロ程	駅　名	721D	723D	725D	727D	729D	731D	733D	735D	737D	739D	741D	743D	745D	747D	749D	751D	753D	755D	757D

37·10·1 訂補	上総中野—大原 (木原線・その1・上り)	キロ程	駅　名	722D	724D	726D	728D	730D	732D	734D	736D	738D	740D	742D	744D	746D	748D	750D	752D	754D

久留里線

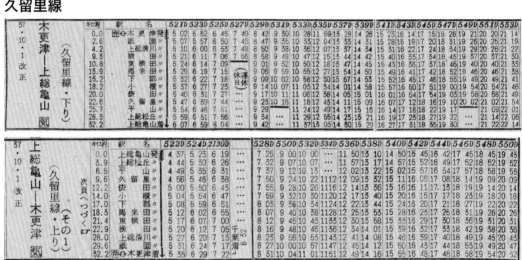

東金線

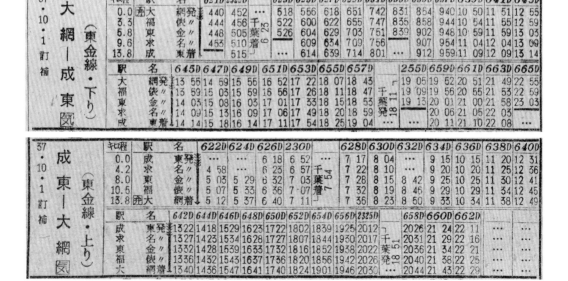

2章
モノクロフィルムで記録された
千葉県の国鉄・JR

キハ26形を先頭とした気動車普通列車が八日市場駅に到着する。写真右側に書かれた国鉄バスの乗り換え案内は、成田まで
を結ぶ国鉄バス多古線で、これはかつて当駅から延びていた成田鉄道多古線が戦時下の1944年に資材供与のため休止となっ
た代替交通として登場したものだ。◎総武本線 八日市場 1971（昭和46）年6月25日 撮影：荻原二郎（写真解説：編集部）

総武本線

一日の終わりを告げる蒼い空気が漂い始めた。薄明りの中に前照灯の明かりを揺らして、高架線上にクモハ41形を先頭にした千葉行きの電車がやって来た。都内から千葉駅までの区間は昭和初期に電化され、省形電車が日中10分。朝夕は8分間隔で運転されていた。◎秋葉原　1964 (昭和39) 年11月20日　撮影：西原 博

太陽を背負って両国駅に到着した客車列車。機関車の次位に郵便車を連結していた。けん引する機関車はC58形蒸気機関車。若番の4号機は、1938 (昭和13) 年に汽車会社大阪工場で落成。第二次世界大戦下で千葉機関区の配属となり、戦後の長い期間を佐倉機関区で過ごした総武本線と縁の深い機関車だった。◎両国　1964 (昭和39) 年11月20日　撮影：西原 博

暮れなずむ刻。始発駅の雰囲気を色濃く湛える両国駅の2番ホームから非電化で残る隣のホームを見下ろすと、旧型客車を連ねた列車が停まっていた。千葉方面へ向かう下り列車だ。編成の先には僅かに煙が立ち昇り、蒸気機関車がけん引していることを窺わせる。灯る客車の尾灯が人恋しさを募らせた。
◎両国
1965（昭和40）年3月7日
撮影：西原 博

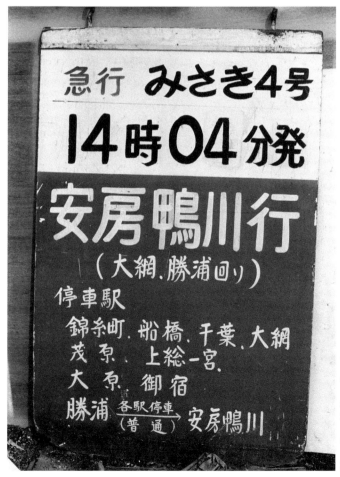

急行「みさき」は内房線と外房線が集まる蘇我駅を起点として、外房線周りで房総半島を1周する循環列車だった。1975（昭和50）年3月10日のダイヤ改正時に循環運転は廃止された。ダイヤ改正後の夏、駅構内に掲出された列車案内には、同列車が外房線経由の安房鴨川駅行きである旨が記載されていた。
◎両国
1975（昭和50）年9月15日
撮影：長谷川 明

C57形蒸気機関車牽引の客車列車が、沿線に低い屋並が続いていた錦糸町界隈を絶気でゆっくりと駆けて行った。総武本線の両国駅～千葉駅間は第二次世界大戦前に電化されていたが、千葉以遠の区間が電化されたのは昭和40年代に入ってからだった。非電化区間から都内へ乗り入れる客車列車の先頭に立つ、蒸気機関車を見ることができた。
◎錦糸町　1969（昭和44）年1月15日　撮影：長谷川 明

3扉車のキハ30形を先頭に、キハ10形など異形式を連結した気動車列車が電化区間を行く。昭和20年代から新系列の車両を積極的に導入し、「気動車王国」と称された千葉管内の国鉄路線。千葉以遠などから運転する普通列車が、電化区間を都内まで乗り入れていた。◎錦糸町　1969（昭和44）年1月15日　撮影：長谷川 明

電化された都内の近郊区間を走るＣ57形蒸気機関車が牽引する旅客列車。形式入りのナンバープレートを着けた59号機は1938（昭和13）年の製造。1969（昭和44）年９月30日、銚子駅〜佐倉駅間において蒸気機関車が牽引する定期便で、最終となった上り旅客列車の先頭に立った。◎平井〜新小岩　1967（昭和42）年８月18日　撮影：長谷川 明

車体の両側に４つずつの客室扉を備える72系電車。第二次世界大戦後に増大した鉄道利用者に対応して都市部での旅客輸送に貢献した。昭和40年代に入り千葉駅周辺の路線が電化されると、山手線などで新性能車に置き換えられた車両が同地区へ転入してきた。◎小岩〜市川　1969（昭和44）年１月15日　撮影：長谷川 明

下総中山と行先表示板に掲出した72系電車の普通列車。吊り掛け音を響かせながら小岩市街地の築堤上を行く。先頭のクハ79は屋根部に前照灯を載せ、前面窓の周辺にウインドウシル・ヘッダーを貼った初期仕様車。後に続く車両の側面にも窓周りを支える補強材が見え旧型国電の雰囲気が漂っていた。◎新小岩〜小岩　1967（昭和42）年7月30日　撮影：長谷川 明

総武本線を経由して中央本線の中野駅と木更津駅を結ぶ快速列車。東京都に隣接する千葉県下の市町と新宿方面の間を至便に行き来できる存在だった。昭和40年代には中央本線の快速運用に就いていた101系電車を使用した。列車は東京都と千葉県の境界である江戸川を渡る。◎小岩〜市川　1969（昭和44）年1月15日　撮影：長谷川 明

津田沼行きの電車が入線しようとしている本八幡駅。周辺は鉄道駅で賑わう。当駅から北側へ約800m離れた場所には京成電鉄京成本線の京成八幡駅がある。また駅の西側で総武本線を潜る県道8号船橋我孫子線の直下には都営地下鉄新宿線が通り、JR駅と連絡する本八幡駅が設置された。地下鉄の開業は1989（平成元）年3月19日だった。
◎本八幡　1969（昭和44）年3月　撮影：長谷川 明

房総西線（現・内房線）木更津駅〜千倉駅間が1969（昭和44）年7月11日に電化開業した。開業初日に祝賀列車を運転。急行形の165系電車が充当された。電動車2両ユニットと制御車による3両と、グリーン車を組み込んだ4両を連結した7両編成の列車が、車両基地の隣接する津田沼駅に停車していた。◎津田沼　1969（昭和44）年7月11日　撮影：長谷川 明

広々とした田園地帯を流れる鹿島川を単機で渡るＣ57形蒸気機関車。ナンバープレートに７が３つ並ぶ77号機は1938（昭和13）年の製造。新製配置された水戸機関区を皮切りに平、尾久機関区などを渡り歩いた。1965（昭和40）年に佐倉機関区へ転属し、千葉地区の路線で客車列車の運用に当たった。◎佐倉～物井　1968（昭和43）年２月18日　撮影：長谷川 明

枯野をかき分けるようにしながら、Ｃ58形蒸気機関車が牽引する貨物列車がやって来た。２軸貨車３両の短編成。そのうち１両は車掌車だ。今日は日曜日故、貨物の量が平日よりも少なかったのかも知れない。中庸な大きさの機関車と相まって、本線上の列車が健気に映った。◎物井～佐倉　1968（昭和43）年２月18日　撮影：長谷川 明

佐倉駅を発車した上り列車は、ゆったりとした曲線を描く線路上を進む。旅客列車を牽引するのはＣ57形蒸気機関車。斜光の中に煙突から吐き出される勇壮な煙の輪郭が浮かび上がった。列車の左手車窓には、数両の蒸気機関車が留置されている佐倉機関区が見えた。◎佐倉～物井　1968（昭和43）年２月18日　撮影：長谷川 明

千葉駅周辺の路線が非電化だった時代。都市間の通勤輸送用として、両側に両開き仕様の客室扉を３か所ずつ備える、ロングシート仕様の通勤型気動車が普通列車に充当されていた。キハ36形はトイレの無い片運転台車で、温暖地向けの車両のみが49両製造された。◎佐倉　1966（昭和41）年３月６日　撮影：長谷川 明

珍しく温暖な気候下にある千葉県に入った強い寒気は、平野部の田園地帯に積雪をもたらした。翌朝、日の出と共に田畑の雪は消え、日陰などに僅かな白い模様を残すばかりとなった。それでも寒さが居座る中、長編成の客車列車を牽引するC57形蒸気機関車は、安全弁から蒸気を盛大に吹き上げて来た。◎物井〜佐倉　1968（昭和43）年2月18日　撮影：長谷川 明

正面窓にパノラミック・ウインドウを備えるキハ45形気動車を先頭にした普通列車。同車両は都市部の通勤通学輸送をはじめとした大量輸送と、中距離列車での運用に対応する仕様を併せ持つ。客室扉は両開きで乗降時の利便性が考慮された。扉の幅は1,300mmである。◎佐倉〜物井　1968(昭和43)年2月18日　撮影：長谷川 明

雑多な種類の貨車を牽引してC58形蒸気機関車がやって来た。煙突に装着された皿状の機器は回転式火の粉止め。煙に交じって機関車から飛び散る火の粉を抑制し、沿線火災などを防止する装置である。空気が潤う春から初秋にかけては取り外す地域があった。◎佐倉　1966(昭和41)年3月6日　撮影：長谷川 明

物井駅〜佐倉駅間は1968（昭和43）年に複線化された。幹線の佇まいを窺わせる区間をC57形蒸気機関車が旅客列車を率いてやって来た。若番の8号機は新製時より長らく西日本、九州地区に配置されていた。1962（昭和37）年に尾久機関区（現・尾久車両センター）から佐倉機関区へ転属した。◎佐倉　1966（昭和41）年3月6日　撮影：長谷川 明

10系気動車と連結した3両編成で運転するキハ35形気動車。ステンレス車体を備える900番台車である。東急車輌製造が全ステンレス車両を開発する一環として、1963（昭和38）年に10両を製造した。塩害対策の名目で房総地区の路線に投入された。◎佐倉　1966（昭和41）年3月6日　撮影：長谷川 明

準急列車から昇格し、急行列車として運転を開始した翌日の「犬吠」。ヘッドマークを掲出した先頭車には、準急用気動車のキハ26が立っていた。平坦区間が多い千葉県内の路線を走る急行では、機関1基を搭載したキハ26や28が主に使用された。
◎佐倉　1966（昭和41）年3月6日　撮影：長谷川 明

ホームの間に3条の線路が敷かれていた佐倉駅。中線には数量の貨車が留め置かれていた。到着した貨物列車の停車時間を利用して、入れ替え作業が行われる。編成から当駅留めの車両を切り離し、引き受ける貨車を効率良く組み込む作業は、線路を使ったパズルゲームの様だった。◎佐倉　1961（昭和36）年2月27日　撮影：西原 博

ホームの端には、堂々とした設えの給水栓と、火床整理などで機関車の火室から燃え残った灰などを落とす際の受け皿となるアシュピットがあった。線路の上方には架線などの障害物は全くなく、蒸気機関車は周囲に遠慮することなく煙を燻らせた。昭和30年代まで各地の地方路線で見られた駅の風景だ。◎佐倉　1961（昭和36）年2月27日　撮影：西原 博

機関区で次の運用に備えるD51形蒸気機関車532号機。昭和40年代に入って東京都内で唯一の蒸気機関車配置区となっていた、新小岩機関区に配属されていた。同区に所属する機関車は貨物列車を牽引して千葉地区まで乗り入れた。総武本線では佐倉駅までの運用を担っていた。◎佐倉機関区　1968（昭和43）年2月18日　撮影：長谷川 明

転車台越しに煙を上げる蒸気機関車が停車する機関区の昼下がり。国鉄時代の佐倉機関区は、千葉地区の列車を牽引する機関車が数多く配置された地域有数の車両基地だった。総武本線などの蒸気機関車終焉期にはＣ57、Ｃ58、8620形が在籍した。
◎佐倉機関区
1968（昭和43）年２月18日
撮影：長谷川 明

腕木式信号機がむせ返るような黒煙をたなびかせて貨物列車を牽引するＣ58形蒸気機関車。365号機は新製以来の配置区であった東北本線の一ノ関管理所（前・一ノ関機関区）から1961（昭和36）年に佐倉機関区へ転属した。シールドビームの前照灯は、同区の配置となってから取り付けられた。◎佐倉　1966（昭和41）年３月６日　撮影：長谷川 明

猛然と煙を上げて駅を発車
して行く8620形蒸気機関
車。非電化時代の総武本線
では、大正生まれの旅客用
機関車が、C58形等と共に
貨物列車の牽引に当たって
いた。周辺に建つ腕木式信
号機や小振りな給水塔は、
蒸気機関車が活躍した時代
を彩る名脇役である。
◎佐倉
1966（昭和41）年3月6日
撮影：長谷川 明

『佐倉市史』に登場する総武本線・成田鉄道

総武本線の輸送状況と佐倉駅

　総武鉄道が千葉県最初の鉄道として1894（明治27）年7月20日に開業した区間は市川ー佐倉間である。その際に佐倉駅が佐倉町内に設けられず、近隣の根郷村に開設された事由を、当時地元が「汽車の煙で稲が枯れる」とか「便利になると宿屋に泊まる客がなくなり街が寂れる」と反対した結果とする伝承がある。関係論文や県下地方史のなかには文明の利器を敬遠して、鉄道を追放した実例として佐倉町住民の無知を挙げるものも少なくないが、これらは全国的に広く存在する何の根拠もない鉄道忌避伝説のひとつに過ぎず、佐倉でも駅設置反対を実証する史料は、今日まで発見されていない。逆に開業直後の1903年発行の総武鉄道社員大塚則明著『総武鉄道線路案内』佐倉停車場の項には「佐倉町は高所に在るを以て設計上止むを得ず停車場を市街を隔つる十五、六町なる田圃の中に設けた」と記載され、市街地へはかなりの急勾配となる地形上の問題や銚子方面への路線延長を考慮して、鉄道側の都合によって駅位置が定められたことを明記している。ただ、総武鉄道発起人株主168人のうち、市域の株主は宮小路町の浜野昇（100株）と飯野村在住の渡辺清左衛門（50株）の2人だけで、鉄道建設に地域が熱心であったとはいえないし、駅位置が市街地から離れた台地下に設けられたことが、その後の佐倉の町勢に大きな影響を与えたことは否めない。多くの人達は駅を降りてからの急坂を登る苦労を敬遠し、所要時間が同じであれば、そのまま乗車して千葉へ行く方が得策と考え、県都として急速に発展し都市化する同地へ顧客が流れて、佐倉は周辺地域の商業中心地としての地位を次第に失っていくのである。市川ー本所（1915年錦糸町と改称）間は、1894年12月9日に開通して佐倉と東京は鉄道で結ばれた。所要時分は1時間40分であった。

　1897年5月1日には佐倉ー成東間が開通し、さらに翌月1日には成東ー銚子間も開通するが、本所から銚子までの全通時点で開業していた総武鉄道の駅は、本所・市川・中山（下総中山）・船橋・津田沼・幕張・千葉・四ッ街道（四街道）・佐倉・八街・成東・横芝・八日市場・旭町（旭）・飯岡・松岸・銚子の17駅に過ぎなかった。本所ー両国橋（1931年両国と改称）間の開通は1904年4月5日であるが、この区間は本邦最初の高架鉄道であって、以後の両国橋駅は総武・房総各線の東京市内ターミナルステーションとして活況を呈するようになる。ただ、東京市内各地や東京駅・上野駅などへは、同駅前から路面電車の東京市電を利用しなければならない不便があったが、1933年7月1日には御茶ノ水までの新線が開通して、秋葉原駅で乗り換えの必要はあっても、東京都心との交通は非常に便利になった。

　1906年鉄道国有法公布によって、全国の主要私設鉄道17社は政府によって買収され、千葉県下では総武・房総・日本の3鉄道が対象となり、1907年9月1日総武鉄道および房総鉄道は国有化されて線名も総武線・房総線となった。日本鉄道買収はその前年11月1日で、県下を通過する海岸線はのちに常磐線と命名された。この時期に政府の経営する鉄道は帝国鉄道庁の所管であったが、1908年12月5日には鉄道院が設置され、さらに1920（大正9）年5月15日に鉄道省が発足する。太平洋戦争中の1943（昭和18）年11月1日には運輸通信省、ついで1945年5月18日付で運輸省となり、1949年6月1日からは監督行政を残して、現業部門が公共企業体としての日本国有鉄道となり、それが民営化まで継続する。しかしその時期に応じてそれぞれ別の名称で記すことは煩雑で分かりにくいため、以後は原則として「国鉄」に統一して記述することとする。

　国有化後の列車運行状況を1917年7月1日改正の『汽車時刻表』でみると、両国橋ー佐倉間には上下28本が設定され、所要時間は1時間24～40分であった。このうち佐倉始発、終着の列車は10本あり、銚子方面へは16本（佐倉始発1本を含む）が、また成田鉄道へは18本（佐倉始発、終着2本を含む）が直通した。総武本線と成田鉄道列車の併結運転は7本で、他の列車にも大半も両国橋ー千葉間では房総線（外房線）や木更津線（内房線）列車を連結して一緒に走っていた。佐倉駅では両線列車を分離したり、連結したりするため、機関車の交換などで比較的長時間停車した。そのためホームで立ち売りの弁当がよく売れ、いせや・石田屋の2業者が競合していた。明治年間のことだが、夏目漱石や国木田独歩の文章には、銚子へ行く途中の当駅で車窓からお茶や果物を買った描写がある。

大正および昭和初期の佐倉駅の乗降客状況は、1日平均では1915（大正4）年の乗客数は463人、1925年でも1015人に過ぎない。まだ自動車交通が発達せず、京成電気軌道も未開業の時代には、佐倉と他市町村間との往来はこの程度の人数であった。

貨物も主要貨物発送状況は、各年ともに発送よりも到着の方が遥かに多い。到着貨物の品目別数量が大正期の『千葉県統計書』には示されていないため、記載最終年の1910（明治43）年の状況を示すと目ぼしいものは、石炭コークス896トン、砂糖糖蜜421トン、鮮魚276トン、石材198トンの順である。石炭コークスの大量到着は、佐倉電灯火力発電所の燃料用と推定される。発送貨物では木材・米・麦・繭・和酒・サツマイモなどが主なもので、農村色が色濃く表れている。繭の出荷が目立つのは、当時のわが国の輸出品のトップが生糸であり、そのため総武本線沿線一帯では養蚕が盛んであった事情によるが、信越本線・中央本線沿線へ出荷される数量も多かったため、佐倉発上諏訪行きの貨物列車が特発された時期もある。

成田鉄道の輸送状況と国有化

1897（明治30）年1月19日に佐倉－成田間を開業した成田鉄道は、翌年2月3日には佐原まで、1901年4月1日には成田－我孫子間をそれぞれ全通する。佐倉駅発着の同鉄道列車運行状況は同じ1915（大正4）年2月発行の旅行案内によると、佐倉発は下り成田行き9本。上りも成田発が9本で、佐倉－成田間は約25分を要した。佐原方面へは我孫子発着の列車が直通し、今日の運転系統とは異なっている。また、佐倉発下り初発列車と上り最終列車を除き、始発終着は、すべて両国橋であった。

当初は「鉄道国有法」による買収リストに挙げられていた成田鉄道は最終的には対象から外されて、大正初期には、車両数、営業路線キロ数など東武鉄道と並ぶ全国有数の大私鉄となるが、その資本金250万円は千葉県所在の会社としてはトップ企業であった。その後は1920年9月1日国有化され、成田線となるが、買収理由を鉄道大臣元田肇は同年7月第23回帝国議会で次のように述べている。

成田鉄道ハ多年国有鉄道両国駅及ビ上野駅ヨリ成田駅マデ直通列車ノ運転ヲ致シテ居リマシテ、国有鉄道ノ一部タル作用ヲナシテ居リマス、ソレニ加フルニ房総線ト常磐線トヲ連絡スル幹線トナッテ居リマスノデ、丁度其中間ニ僅カ挟マッテ居リマスノデ、ソレヲ国有鉄道ト致シマシテ政府ニ於テ経営スルコトガ最モ必要ト思量イタシマシタ

買収価格は線路敷設費や施設建設費、保有免許権に応じて算出されるため、買収が決まると直前の駆け込み投資をする事例が多く、成田鉄道でも、1920年3月に佐原－銚子－外川間の免許申請を行ったが却下された。また買収直前の同鉄道の模様を、佐倉迄はそれほどでもないがそれ以東の成田線に入ると、田舎のガタ馬車に乗ったように甚く揺れて動揺すると腰掛から振り落とされそうである。国有になるという見込みが付いてから、金のかかる線路などは、殆ど修理しないので、汽車が毀れる位だ。しかし会社はずるく目に見える停車場などは改築して少しでも余計に評価させようとしていると酒々井駅に到着した際、その停車場を指しながら傍人が皮肉った。との成田鉄道視察記を同年8月25日付紙上に『万朝報』記者が書いている。

国鉄への買収価格は『日本国有鉄道百年史』巻9によれば、680万3715円である。買収時の営業路線は佐倉－成田－佐原間および成田－我孫子間72.5キロメートル、酒々井・成田・久住・滑河・郡（下総神崎）・佐原・松崎（下総松崎）・安食・小林・木下・布佐・湖北の12駅と機関車8両、客車62両、貨車96両、職員312人が国に引き継がれた。国有後の1931（昭和6）年11月1日に佐原－笹川間が開通し、松岸までは1933年3月11日に開通し、成田線は全通した。

成田線、鹿島線

急行に昇格して間もない頃の「水郷」。1962（昭和37）年に設定された両国、新宿駅と銚子方面を成田線経由で結ぶ準急列車に付けられた名称を引き継いだ。準急型気動車のキハ26形と急行型のキハ28形による3両編成で、グリーン車は連結していなかった。◎佐倉～酒々井　1966（昭和41）年3月　撮影：長谷川 明

御開帳の折、参詣客を乗せた臨時列車などで賑わう成田山新勝寺の鉄道玄関口成田駅。側線にも何本かの客車編成が留置されているようだ。客車列車を率いてホームに停車するC57形蒸気機関車。その隣で入れ替え作業に勤しむC58形から吐き出された煙は、強めの風に煽られて左手に流れた。◎成田　1968（昭和43）年4月28日　撮影：西原 博

架線が張られた駅構内に気動車の千葉行き普通列車が停車していた。2か所に前照灯を備えるキハ45形は1966（昭和41）年から製造された近郊型気動車と呼ばれる系列車両の1形式。当時はまだ非電化路線が多かった地方都市間の中距離輸送に対応し、車内はセミクロスシート仕様だった。◎成田　1971（昭和46）年　撮影：山田虎雄

小雨に煙る街並みを望む成田駅。キハ35などと一世代前の車両断面積が小さい気動車を交互に繋いだ編成の列車が停まっていた。ホームは嵩上げされている様子だが、架線柱などがない電化前の構内は未だ開放感に包まれていた。成田駅～我孫子駅間は1973（昭和48）年に電化開業した。◎成田　1968（昭和43）年4月28日　撮影：西原 博

成田駅の１番ホームは千葉、佐倉方面へ向かう成田線の本線用。総武本線経由で運転して来た70系電車から、溢れんばかりの乗客が降りて来た。「快速成田号」と記載されたヘッドマークは舌のような形が個性的だ。右手の側線には連休初日だからか、たくさんの貨車が留め置かれていた。
◎成田
1968（昭和43）年４月28日
撮影：西原 博

成田臨の快速列車運用には、普段は貨物列車を中心に運用されていたＣ58形蒸気機関車も駆り出された。薄い煙を吐きながら入線して来たのは167号機。ホームには給水用のスポートが設置され、架線が張り巡らされた駅構内で、未だ蒸気機関車が健在であることを物語っていた。
◎成田
1968（昭和43）年４月28日
撮影：西原 博

線路上に踏切警報機の影が落ちる昼下がり。駅の近くに列車が停車していた。小振りな前照灯と正面窓の組み合わせが、今日では少々古めかしい車両という印象を見る者に与える。また、テールライトの周りを飾るカバーは時代を察せさせる装備の一つでもある。今も変わらないのは濃いくっきりとした青色が広がる当地区の冬空くらいだろうか。
◎1961（昭和36）年2月27日　撮影：西原 博

臨時快速「ふどう」をけん引してきたC57形蒸気機関車の前方から、定期列車の運用に就く気動車がやって来た。煙を吹き上げる黒い機関車を横目に、ゆうゆうとホームに侵入して来た明るい二色塗りの新型気動車。その様子はあたかも、旅客列車の世代交代劇のように映った。
◎成田　1968（昭和43）年4月28日　撮影：西原 博

昭和30年代にはまだのどかな佇まいだった成田駅の周辺。非電化単線の線路沿いには未舗装の小径が続き、頬被りをしたご婦人が荷車を引いてゆっくりと歩いていった。折しも信号機の腕木が音を立てて下がり進行の合図を示した。しばらく間があって3両編成の気動車が森影から顔を出した。◎成田付近　1961（昭和36）年2月27日　撮影：西原 博

『成田市史』に登場する成田鉄道

鉄道路線の延伸

　成田鉄道は明治30年1月19日、まず、成田〜佐倉間が開通した。

　汽笛一声、汽車が成田から本所へ初めて走り出した頃の所要時間は、最も速い列車でも2時間13分を要したが、列車は成田〜本所間を直通運転し、旅客サービスを図っていたので成田参りにますます拍車がかかった。しかし、直通列車は、わずか3か月余で中止され、以後乗客は佐倉で乗り換えを余儀なくされた（明治37年3月再開）。だが、鉄道の開通により、それまで20人、30人といった参詣客が、100人、200人、なかには1000人近くの人が列車で来るようになり、成田は講中の旗指物や、先達の吹くほらがいの響きに一段のにぎわいを見せるようになった。旅館などは夕方に客を迎え、朝護摩をすませた客を送り、次に中食の客を迎えるといったありさまで、旅館のほかに飲食店、土産物店も増加して活況を呈し、成田は名実ともに関東一の霊場となった。

　成田鉄道は、さらに明治30年12月29日、成田〜滑川間を開通させ、翌年2月3日佐原まで路線を延長した。久住駅の開業は、やや遅れて明治35年7月1日である。また、関東鉄道が計画した成田・我孫子・大宮・川越間の一部である成田〜我孫子間の建設も進め、明治34年2月2日成田〜安食間、続いて4月1日安食〜我孫子間を開業した。松崎駅は同年8月1日に開業している。我孫子は日本鉄道（現国鉄常磐線）の既設駅であるから、同駅で乗り換えれば上野駅を経て東京市内と連絡できるようになり、成田鉄道は同線の開通で、佐倉経由と我孫子経由の2本のルートを保有することになった。

総武鉄道との競争

　我孫子まで全通した4月1日から4日間の成田駅における乗降客数を、明治34年4月13日付の『鉄道時報』は、我孫子線乗客1万899人、降客1万463人、佐倉線乗客2912人、降客3080人と報じている。全部が東京からの利用者ではないにしても、総武鉄道に与えた打撃は大きかった。しかも成田〜東京間の距離は両ルートのいずれを利用してもほとんど等しいが、成田鉄道の経営路線である成田〜佐倉間及び成田〜我孫子間の旅客運賃をそれぞれ比較すると、佐倉経由の場合は片道8哩分の12銭に過ぎないのに対し、我孫子経由では20哩分の42銭と3倍以上も収入があったので、成田鉄道はその後、自線の利用度が高い我孫子ルートに力を注ぐようになった。

　すなわち、成田での宿泊客が旅館に帰りの乗車券購入を依頼することが多いのに着目して、上野行切符の購入枚数に応じて、成田駅入場券を旅館番頭に無料で交付したり、専門の切符売子を旅館に派遣して直接売りさばきにあたらせるなどのほか、日本鉄道と協力して、明治35年3月1日から成田〜上野間に直通列車を運転してサービスに努めた。「途中乗換の不便もなくわずかに2時間余にて達する東京成田間の近道」と宣伝したこの列車は、成田発午前5時30分、午後1時10分、上野発午前9時0分、午後6時20分の2往復に過ぎなかったが、佐倉で乗り換えの不便がある総武鉄道との対立が強まって、運賃値下げや、駅での客引きなど猛烈な競争が展開された。

　成田鉄道では、同年4月には上野直通列車に、わが国最初の喫茶室付1等客車の連結を開始した。喫茶室には回転椅子とテーブル、オルガンも置かれ、ビール、ウイスキー、コーヒー、紅茶やビスケット、果物類が販売され、新聞雑誌も備え付けられて2時間の旅をすこぶる快適にした。この両鉄道の争いも日露戦争がぼっ発すると、軍事輸送が優先されるようになり、旅客を奪い合うような競争は不可能な事態となって一応平静に戻った。そして両鉄道和解の結果として明治37年3月20日から本所（4月5日両国橋開通後は同駅）〜成田間に直通列車運転を再開している。

　なお、この時期の成田鉄道の株式は、投機株の代表と目されたほど騰落が激しく、明治34年頃には下落一方であった。このため、初代社長小倉良則が成田銀行頭取を兼務していた関係で成田鉄道株を多数担保としていた成田銀行は、資金運転に困難を生じ同年10月整理休業に追い込まれている。小倉は責任をとり職を辞して朝鮮へ去り、佐久間一嗣が2代成田鉄道社長に就任した。

成田鉄道の運輸

　成田鉄道の路線が完成した頃、千葉県下の鉄道網は総武鉄道は既に銚子まで全通、房総鉄道は東金と大原まで開通していた。したがって東

122
122

京ばかりでなく県内各地からの乗客や貨物も増加を示していた。

現在国の重要文化財に指定されている成田山の伽藍も、芥川には良い印象を与えなかったようだが、「成田で乗換、佐原行の発車まで1時間半もある」と記されているように、明治後期から大正9年頃までの成田鉄道列車は運行方式が現在とは相違していた。両国橋（現在の両国）発の成田行列車は、佐倉で、一緒に連結されて来た銚子行を切り離して成田が終点であった。そして、佐原方面へは我孫子発列車が成田駅でスイッチバックして直通したので、千葉方面からの乗客が佐原へ行く場合は、成田でいったん下車して佐原行に乗り換えなければならず、しかも接続時間を考慮しなかったために、2時間近くの待ち合わせをしなければならなかった。これは成田鉄道が成田町本位の鉄道で、少しでも参詣客の足を町に引きとめて、商店街の繁昌を図ろうとして連絡を不便にした意図的なダイヤ作りが原因と伝えられている。

『総武、房総、東武、成田線時刻賃金表』（明治43年4月改正）によれば、両国橋〜成田間は2時間5分〜30分を要し、成田発7時9分、同終発21時3分、両国橋始発5時25分、同終発18時10分で、運転本数は8往復。我孫子方面は9往復でそのうち4往復が上野直通、成田〜上野間は約2時間10分かかり、喫茶室付客車も引き続き連結されていたが、この頃になると成田鉄道自身も経営に熱意を示さなかったのか、わずかに食パン類にサイダー、果物類を販売しているに過ぎなかった。一方、佐原へは4往復半が走っていたが、佐倉方面との接続の悪さは前述のとおりで、大体1時間以上の待ち合わせ、甚だしい場合は1時間55分も待たなければならなかった。

前記の時刻表から調べてみると、芥川竜之助の乗車した列車は両国橋発10時10分成田行、成田着12時50分で、我孫子から来る佐原行の発車14時45分までの間合を利用して成田見物をしたことになる。彼が佐原駅で見た機関車はいずれもイギリス製、動輪3個のタンク式機関車で、全部で7両が在籍していた。そのほか1等客車及び1・2等合造客車6両（喫茶室付客車3両を含む）、2等客車4両、3等客車43両、荷物車等10両と有蓋貨車42両、無蓋貨車47両をこの時期の成田鉄道は所有していたが、客車には暖房用の「湯タンポはあったが照明は久美式ランプで暗いこと夥しく新聞が読めない位」であったと、『鉄道時報』記者は同じ明治43年11月の紀行で嘆いている。また、同紀行には「成田鉄道各駅はトタン屋根ばかり、ホームは草が生え掲示板が小さくて探すのに骨が折れる、松崎駅ホームには着物の干し物まであった」とも記し、往時ののんびりとした光景を報じている。

緩やかな曲線を描く築堤上で、盛大に煙を吹き上げて力行するC57形蒸気機関車。旧型客車11両の長大編成は定期の普通列車である。134号機は1965（昭和40）年に尾久機関区から佐倉機関区に転属。千葉地区で無煙化が進む中、1969（昭和44）に成田線の定期運用で、最後の旅客列車をけん引した機関車だった。
◎小林付近　1968（昭和43）年4月28日　撮影：西原 博

我孫子駅～成田駅間の成田線我孫子支線を行く臨時快速「ふどう」。成田線で運転する蒸気機関車はこの列車が運転された翌年の1969（昭和44）年に全廃された。長編成の客車列車を上野駅からけん引する運用は、佐倉機関区に所属する蒸気機関車にとって、末期の花道だった。◎小林～安食　1968（昭和43）年4月28日　撮影：西原 博

気動車の普通列車が、丘陵地に屋並が続く成田市街地へ向かって駆けて行った。我孫子支線と呼ばれる成田駅〜我孫子駅間は松崎街道、我孫子街道を縫って走る鉄路。佐倉駅と佐原駅を結ぶ成田線本線が開業した後の1901（明治34）年に全線が一斉開業した。◎下総松崎〜成田　1961（昭和36）年2月27日　撮影：西原 博

香取駅〜北鹿島貨物（現・鹿島サッカースタジアム）駅間の鹿島線新規開業に際し、キハ28、キハ26形気動車3両編成よる記念列車が運転された。当時、千葉地区で拠点の車両基地であった千葉気動車区で、誇らしげにヘッドマークを掲げた列車が出区時刻を待っていた。◎千葉気動車区　1975（昭和50）年8月20日　撮影：長谷川 明

内房線

房総地区の夏ダイヤで設定されていた臨時快速「かもめ」。小岩駅から新中川へ向かう上り勾配をC57形蒸気機関車が駆け上がる。江戸川区を縦断する水路に総武本線の橋梁が架けられたのは新中川の掘削工事が行われた1956（昭和31）年。橋梁の名称は竣工時の河川名に倣い「中川放水路橋りょう」とした。◎小岩〜新小岩　1966（昭和41）年8月　撮影：長谷川 明

キハ17形などの一般型気動車で運転する臨時快速「さざなみ」。昭和20年代から房総地区の夏ダイヤで設定されてきた列車だった。同名称は1963（昭和38）年に両国駅〜館山駅間を結ぶ急行に付けられたが後に快速列車へ戻された。「さざなみ」は1972（昭和47）年に総武本線が東京駅乗り入れた際、新設された内房線の特急列車名となった。
◎新小岩〜小岩　1967（昭和42）年7月　撮影：長谷川 明

1966(昭和41)年３月より、運転区間距離が100kmを超える準急列車は全て急行列車に格上げされた。昭和30年代から房総地区の夏ダイヤで設定されていた臨時準急「汐風」も、急行列車として運転されるようになった。前面に掲出したヘッドマークには「急行」の記載があった。◎小岩～新小岩　1966（昭和41）年８月　撮影：長谷川 明

急行列車として運転する「汐風」。夏季の臨時便ながら当時は高かった海水浴客などの需要に応え、最大７往復を運転した。新宿駅～千倉駅、新宿駅～館山駅、両国駅～千倉駅、両国駅～館山駅間を結ぶ列車があった。列車の一部には定期急行用として増備が進んでいたキハ28形気動車を充当した。◎新小岩～小岩　1966（昭和41）年８月　撮影：長谷川 明

都内から千葉方面へ向かう海水浴客輸送が好調であった時代には急行列車の増発を始め、多くの臨時列車が運転された。夏季の臨時快速として運転した「さざなみ」。列車名はそれまで海水浴列車として親しまれた「かもめ」を改称。普通型気動車を連ねた編成であった。◎小岩　1967（昭和42）年8月13日　撮影：長谷川 明

路線の電化進展で房総地区に進出した72系電車。4扉を備える旧型国電は、都市圏の路線で発揮した大きな輸送力を持ち味として普通列車の運用に就いた。茶色い電車と1970（昭和45）年に橋上駅舎化された、木更津駅構内の様子が対照的である。◎木更津　1975（昭和50）年6月5日　撮影：長谷川 明

電化開業から5年余りの月日を経て、すっかり電車通りというイメージが定着した木更津駅。内房線となってから新設された特急には183系。普通列車には111系が充当され、同時期の東海道筋を走る車両と遜色のない陣容となった。国鉄時代末期における幹線を象徴するような眺めだ。◎木更津　1975（昭和50）年6月8日　撮影：長谷川 明

低運転台、大型前照灯仕様の制御車を組み込んだ153系電車で運転する急行「内房」。当時は特急列車も停車していた佐貫町駅に停まる。同駅を含む木更津駅～千倉駅間は1969（昭和44）年に電化された。しかし工事から5年余りを経て、構内の架線柱や嵩上げされたホームは未だ真新しい風合いを保っていた。◎佐貫町　1975（昭和50）年6月8日　撮影：長谷川 明

『千葉市史』に登場する総武本線

鉄道の敷設

千葉町に鉄道が通るのはまず、明治27年7月で、市川－千葉－佐倉間であった。次いで本所まで開通するのが明治27年12月。その頃までに日本の鉄道は各地にかなり開通していた。

この時期の鉄道建設は、日本鉄道会社をはじめとして、日本各地に鉄道会社が設立され空前のブームをまきおこした。特に、明治20年の私鉄条例の公布は鉄道敷設の熱をあおった。房総半島でもこの影響を受け、企業家たちによって鉄道会社がつくられたが、実現までに時間がかかった。それは、半島になっている千葉県は、日本の主軸になる地域からはずれ、日本の幹線鉄道網の敷設よりみれば袋小路になることが大きな理由であった。

千葉県の鉄道敷設に関することの中から、千葉町に関係する内容について、『千葉鉄道管理局史』（昭和38年、千葉鉄道管理局）及び『千葉県における鉄道発達史』（昭和36年～37年、押尾孝、房総展望）、前記『千葉県史』等を主な資料としながらまとめると、次のようなことがわかる。

明治17年に開通した上野－前橋間の成績がよかったことを契機として、千葉県でも鉄道建設の熱が高まった。明治20年に東京－佐原間の武総鉄道、東京－銚子間の総州鉄道などの私鉄が創立願書を提出している。しかし、「千葉県の地形は三方が海で船による交通や物資の運搬が自由であり、一方、江戸川や利根川の舟運が便である。また、陸上は馬車の発達も著しい。したがって他府県のように鉄道の必要性は薄い」として却下されている。当時の千葉県は水運全盛時代で、特に、利根川の高瀬舟による水運は、多くの物資を東京に直送する役割りを果たしていたため非常に発達していた。そのため、利根川沿いの多くの河岸は港町として繁昌していた。また、木更津港、船形、天津、保田などの安房地方の諸港、そして、寒川、登戸などの港からは、東京湾を航行する船が多くでていた。

しかし、その後、再願運動が活発に行なわれたが、なかなか実を結ばなかった。そこで、武総、総州の両鉄道の発起人は相互協定して合併し、名称を総武鉄道株式会社として明治22年に、本所－千葉－佐倉－八街間39マイルを出願した。このコースは水運との競合をさけ、移住開墾地域

の八街地方に交通の便を与え、更に、津田沼、佐倉などの陸軍営所を通過して用兵上の便もよいところから、同年4月、本所－八街間の仮免状が下付された。その後、若干の路線変更案もあったが、結局、同年12月に小岩－佐倉間に正規の免許状が下った。

5年後の明治27年7月に市川－佐倉間25マイルの開通をみた。駅は市川・船橋・千葉・佐倉の4駅である。明治27年7月28日付の『千葉民報』の時刻表から発着時刻を示しておきたい。

（当時の新聞には、毎日、新聞の折目のところに列車時刻表が印刷されていた。これは大正時代に入っても続いた。また、時刻表の改正は、各鉄道会社とも新聞に大きく掲載し、同時に、運賃も等級ごとにのせていた。）

下り
市川発　午前6時、8時50分、12時、午後3時、6時
船橋発　午前6時16分、9時7分、午後12時17分、3時17分、6時17分
千葉着　午前6時50分、9時40分、午後12時50分、3時50分、6時50分
千葉発　午前6時57分、9時47分、午後12時57分、3時57分、6時57分
佐倉着　午前7時30分、10時20分、午後1時30分、4時30分、7時30分
上り
佐倉発　午前7時50分、11時、午後2時、5時、7時50分
千葉着　午前8時23分、11時33分、午後2時33分、5時33分、8時23分
千葉発　午前8時30分、11時40分、午後2時40分、5時40分、8時30分
船橋着　午前9時5分、午前12時15分、3時15分、6時15分、9時5分
市川着　午前9時20分、午後12時30分、3時30分、6時30分、9時20分

旅客運賃
市川駅より下等で、船橋まで6銭、千葉まで20銭、佐倉まで34銭、中等は下等の2倍、上等は下等の3倍

1日に上下線とも各5本の列車が運行し、千葉駅からは、船橋まで35分、市川まで50分、佐倉

まで33分を要した。千葉駅はどの列車も7分停車の駅で、その間に簡単な用事をはたせた。また、千葉駅は途中下車、翌日乗車もできる駅になっていた。

その年の12月には市川－本所（現在の錦糸町）間6マイルが開通して、京葉間が鉄道で結合した。これを『千葉繁昌記』（明治28年、藤井三郎）は次のように記している。

　　総武鉄道会社出張所
本社は東京市本所にあり、出張所は千葉町停車場傍にあり、同社が起業に係る東京より当千葉町を経て佐倉町に至る鉄道は、明治27年7月より市川・佐倉間開通せり。然れども、東京迄全通せざりしを以て隔靴掻痒の感ありしが、同年12月9日より全通せしを以て、京葉往復の便一段の進歩をなし、以って我千葉町の価値を高めり、雀巣子の繁昌記には「停車場を未来の目録」に加へり、僅々二、三年にして此編是を載す豈愉快ならずや　今発着時間ならびに賃金表を左に載す

この時刻表によれば、駅として本所・幕張・四街道が前記のものに加わって7駅になり、千葉－本所間は1時間5分で結ばれている。また、列車本数も上下線とも1日1本ずつ増え、6本になっている。

千葉町民にとって本所までの開通は大きな喜びであった。千葉駅の開業により、運送会社も駅前にでき、鉄道貨物の取り扱いをした。
　　　　　　　　　　（中略）

鉄道開通による変化

鉄道の開通はさまざまな方面に大きな影響を与えた。特に、他の交通機関に及ぼした影響は大きかった。従来、千葉町まで馬車や荷馬車で運ばれ、登戸や寒川港から舟運によって東京や横浜方面に輸送されていた九十九里浜や銚子方面の鮮魚、米、繭、干鰯等の物資は、すべて鉄道輸送に変わった。中でも県北地域と東京の中間にあって、中継商業地としての機能をもっていた千葉町の各港湾は大打撃を受けた。総武鉄道を基幹鉄道として、房総鉄道、成田鉄道によって運ばれる物資は、千葉駅を経由して東京と直結した。物資の輸送手段のみではなく、江戸積問屋や海漕店などは転業し、船乗渡世は京浜に移動し、千葉町の中継商人は仲買、御売りから少売商に転向した。それは、各地の地方商人は千葉町中継商人の手をへないで、東京御売商人と直

接取引をはじめたからである。

いま、鉄道開通前と開通後の物資の移出入額を、前記『千葉鉄道管理局史』によって比較してみれば、次のとおりである。
　明治19年の登戸・寒川2港からの移出入額
　移出　88万3千円　米、雑穀、薪炭、魚鳥、製茶、果物、甘藷、醤油、その他
　移入　81万6千円　酒類、かつお節、水油

　鉄道開通後の明治37年の移出入額
　移出　55万円　米、木炭、大麦、澱粉、製茶、その他
　移入　32万円　米、塩、肥料、煉瓦、その他
また、『港湾の影響』（昭和41年、千葉市）から、当時、最も繁栄していた寒川港の出入船舶数をみると、明治20年の出入船舶は、5大力船（5～6人乗40トン）3,120隻、汽船200隻を数えたが、明治40年には帆船290隻、汽船13隻になっている。一方、貨物量や船舶数のほか旅客も減少の一途をたどり、明治42年の千葉県統計書によれば、定期船は東京湾汽船株式会社の千葉－東京間が1日1往復あるのみで、平均乗客は1日20人弱になってしまった。登戸や曽我野、検見川などの港からは、もっと早くから出入船舶の影は消えた。

鉄道の開通による地域の変化は千葉町にのみみられたわけではない。東海道本線の開通によって、東海道の宿場町が次々にさびれていったのはよく知られるところであるが、千葉県でも宿場町がさびれるとして、鉄道建設や駅の設置に反対したところは少なくない。また、乗合馬車や水運業者の反対もあり、特に、現在の内房線（当時の木更津線、北条線）は、南房総と京浜を結ぶ東京湾の海上交通が発達していたために敷設が遅れた。県北の利根水運も急速に消滅したわけではないが、次第にその機能を失っていった。

交通革命は千葉町を中心に房総半島各地にその効果を波及した。千葉町は鉄道の開通によって港町としての色彩が失なわれた。しかし、千葉駅を中心として発達した鉄道網は、新たに千葉町と県内各地を短時間のうちに強く結びつけた。そして、名実ともに県内の政治、経済、文化の地方中心都市として発展することになった。

鉄道の国有化以降

『日本輸送史』と前記『千葉鉄道管理局史』は、鉄道の国有化を次のように述べている。

鉄道企業が日本の資本主義の発達に果たした

役割は大きい。特に投機の対象として脚光をあび、各地に鉄道が敷設された。日本の産業革命の推進力となった鉄道は、日清戦争後の好景気に大ブームをひき起こした。しかし、経済界の景気の波は大きく、不況時には中小鉄道会社の経営は苦しいものが多く、採算がとれない会社も出現した。明治34年〜38年度までに免許を受けた鉄道会社は、日本全体で年にわずか2〜5社を数えるのみだった。また、工事の中止や倒産するものや、日本鉄道や九州鉄道などの大会社に合併される傾向も強まった。

また、『千葉百年』（昭和43年、毎日新聞社）に千葉県の総武・成田両鉄道の成田山新勝寺への参詣客輸送をねらった争奪戦のもようが記されている。これによれば、成田鉄道は佐倉ー成田間を開通し、更に、成田ー我孫子間を建設して日本鉄道に連結させ、上野駅とつなげ我孫子線に力を入れた。一方、総武鉄道は佐倉駅での接続時間を短縮するとか、運賃割引に踏切るなどの手をうった。しかし、成田鉄道は佐倉駅の成田行発車時刻をずらしたため、総武ではそのたびにダイヤを改正せざるをえなかった。この両鉄道の争いは年ごとに激烈となり、双方運賃値下げ、サービス合戦となった。このような公共機関としての使命を忘れた私鉄の競争は、後に政府をして鉄道国有化に踏み切らせた動機の1つとなったという。

他方、軍からは鉄道の国有化が以前から叫ばれていた。政府も日清・日露の両戦争を通して国防上、経済上から国有化の必要を認め、明治39年3月に「鉄道国有法」を公布した。その大原則は、「一般運送の用に供する鉄道は総て国家の所有とす。但し、一地方の交通を目的とする鉄道は此限に在らず」であった。この法律の公布によって買収が決定したのは、日本鉄道、山陽鉄道など全国主要17私鉄会社である。このような全国的な動きの中にあって、千葉県内の鉄道もその対象になった。それは、総武、房総の両会社線で、明治40年9月に国有鉄道に編入され、総武線、房総線と呼ばれた。

房総鉄道会社は政府の買収による会社解散の通知を関係者に次のように発送している。

房総の地沃野遠く連り 人烟相望む 而して三面海を遶らし 漁利亦豊かなり 斯の富源を発き人文を進むるもの一に運輸交通の便に依る 我が房総鉄道株式会社 明治24年を以て此間に起り 爾来多年経営頗る艱む 而かも大方各位の之を啓発し 之を保護するの道至らざる

なく 社運漸く其緒に就き将来の隆昌期して待つべきものあり 是れ偏に各位が公益の念に厚く 又同情の深きに由るに非ずんば曷そ克く茲に至るを得んや

今鉄道国有法の実施せらるるあり 明治40年9月を以て遂に政府の買収に応じ 長へに社会貢献の責を竭す能わず 会社解散の止むを得ざるに至れり 乃ち謹て微品を座右に呈し 以て当時の記念に供せんと欲す 幸に物の菲なるも咎めずして 其志の存する所を諒せられんことを庶幾ふと云爾

鉄道幹線がすべて国有化された結果、統一された経営の下で、鉄道建設事業は更にめざましい進歩を遂げた。全国的には奥羽線、鹿児島線、中央線、山陰線などの開通や、東海道線の複線化、山手線の電化などが明治末までに実現した。電化、軌条、車輌の統一によって輸送力は増強され、長距離急行列車が貨客ともに運転が開始された。

千葉県内では、成東ー東金間、蘇我ー木更津間、大原ー勝浦間、船橋ー佐倉間が明治43年に鉄道敷設法第1期線に追加指定された。しかし、後に、船橋ー佐倉間は削られた。明治44年に東金線が開通し総武線に付属された。これによって、茂原以遠の貨物輸送が激増し、土気ー大網間の急勾配のコースをさけて東金線経由で総武線につながり、千葉町や県外に送られた。木更津線は明治45年に蘇我ー姉崎間が開通して、浜野、八幡宿、五井の各駅が開業し、大正元年に木更津線として総武線に所属した。また、大原から勝浦への延長工事はトンネルを幾つも掘るという難工事だったが、大正2年に開通した。

さらに重要なことは、総武線の複線化である。明治33年に総武鉄道は本所ー佐倉間の複線化の認可を受けていたが、明治40年に国有鉄道として、両国橋ー千葉間が複線になった。これによって列車本数は非常に増加していった。『汽車・汽船旅行案内（時刻表）』（明治40年4月・39年7月改正）によれば、千葉ー両国橋間の列車運行状況は、千葉駅始発6時21分、同終発21時39分、両国橋始発5時30分、同終発8時50分で、上下線とも各1日11本運転されていた。ちなみに、千葉ー両国橋間は約1時間30分かかり、料金は2等62銭、3等41銭であった。複線化後の大正2年5月17日付『新総房』をみると、両国橋発下りは船橋行を除いて18本、千葉発両国橋行は18本で、いずれも急行が5本含まれている。また、両国橋発は、成田、銚子、勝浦、木更津、佐倉などへの直通列車が多く、千葉行はわずか2本しかない。

『君津市史』に登場する北条線・県営久留里鉄道

北条線
鉄道誘致と周西駅の設置

　房総半島の東部は早くから鉄道が開通していたが（現外房線の一部）、東京湾側の西部の鉄道は、明治31（1898）年に蘇我ー木更津間の免許を取得していながら着工しなかったために失効してしまった。しかし、41年9月に鉄道敷設運動が展開された。市原郡（現市原市の東京湾側）の町村長や君津郡町村長・安房郡町村長の連名で「鉄道敷設請願書」が提出された。代表は当時の木更津商工会長梶善助で、当時の逓信大臣後藤新平あてに送付した。

内容は、

①北総は鉄道敷設は縦横に完成しているが、南部は蘇我町で終わっている。これを館山まで開発すれば、房総の開発が進み便利にもなるであろう。

②先の帝国議会で、第2期に編入され、20年には第1期に編入された房総の交通不便の救済、産業開発などのため早急に建設を進めてほしい。

という請願理由を添付した。

　この効果があったのか、当時の鉄道院は木更津線の名称で、明治45年3月28日に、まず、蘇我ー姉ケ崎間15.1キロメートルが開通し、次いで、8月21日に姉ケ崎ー木更津間16.2キロメートルの開通を見るに至り、全長31.3キロメートルで千葉駅から総武線に接続し、木更津から東京まで直通で行けるようになった。

　この線が市域を通過する工事については、明治45年4月に「木更津北条間鉄道線路測量につき協力依頼」の通知が、周西村長保坂亀次郎の署名入りで、大和田地区に残されている。内容は「鉄道線路測量のため、村内に入り測量やその他の調査をする。測量をした標識は決して抜き取ってはいけない。」ということを周知徹底させる文書である。また、大正元年11月には「鉄道用地分筆登記委任に関する通知」が同じく周西村長名で、大和田地区に発送されている。内容は、土地の登記変更のことで、書類提出記入上の注意である。

鉄道敷設工事

　木更津から上総湊に至る新線の建設は、大正元年12月1日に起工され、大正4年1月14日に竣工した。その延長14マイル8分、工事には2年1か月余りの日数を要した。レール数320本、枕木2240本を要し、その工事は鉄道工業株式会社と鹿島組の工事請負で行われた。この間の昇降駅は木更津・周西・青堀・大貫・佐貫・湊の6駅であった。

　この建設工事において開鑿された隧道は6か所、橋梁は15か所、講梁は23か所で、そのもっとも難工事の場所は子安隧道であった。同所は岩石粘着土と異なりまったくの砂質であったために、開鑿工事中崩落の危惧があった。

　また、鉄道路線によって坂田の悪水が抜けなくなるため、大正2年4月、中野区と坂田区は「鉄道線路敷設に関する契約書」を交わした。

①線路敷設に対し、用地排水路を作ることの同意

②設置につき中野地区の田に被害のないこと

③悪水路の浚渫・幅員の拡張は中野、坂田の人夫を提供し費用は負担すること

④通常工事だけでは不充分の場合、臨時工事をすること

⑤中野地区の田に灌漑する堰留工事を坂田に作ること

などで、中野区・坂田区の総代人が署名押印し、契約をしている。

北条線開通

　大正4年1月15日、午前5時50分、号砲を合図に北条線第1発の列車が一声の汽笛と共に徐々に木更津駅のプラットホームを離れた。これに先立ち1月5日には、北条線の試運転が行われており、好成績を納めている。北条線開通にあたって、木更津町の各商店は祝意を表すために特売を計画し、そのための割引乗車の許可を同駅に交渉した。同駅では直ちに監督局に照会しその指令を待つこととしたが、中間駅の開通ということで許可されなかったため、再度出願している。

　また、木更津町では、当日盛大な祝賀会を催すべく、300円支出することを決議し、当日は町内の各戸に国旗を掲揚し、早朝から100余りの煙火を打ち上げた。駅前には、歓迎アーチをしつらえ、プラットホームおよび構内倉庫脇には祝宴会場を設けて盛大な祝賀会を準備した。当時の新聞にはその日の様子が「五彩燦爛の駅頭」「祝宴と

提灯行列」という見出しで紹介されている。

その後、大正5年10月11日湊－浜金谷間、大正6年8月1日浜金谷－勝山間、大正7年8月10日勝山－那古船形間、大正8年5月24日那古船形－館山間、大正10年6月1日館山－南三原間、大正11年12月20日南三原－江見間、大正13年7月25日江見－太海間、大正14年7月11日太海－安房鴨川間が開通し、現在の内房線が完成した。

この間、大正8年5月に北条へ達したとき、木更津線は北条線と改められ、後年の環状線完通までこの名称で呼ばれていた。この北条線（蘇我－鴨川間）約119キロメートルは、14年11か月の歳月をかけて完成したことになる。

開通祝賀行事

大正4年1月15日、鉄道開通が決定し周西村を挙げて祝意を表すために、「当日は毎戸国旗を揚げよう、また、停車場（周西駅）で祝賀会を開催するから出席してほしい」と、周西村長保坂亀次郎署名文書で、各区長に配送している。開通式当日の停車場周辺は大変なにぎわいであったことが想像される。

県営久留里鉄道の開通
鉄道敷設の動き

久留里線は当初県営事業として計画運営された鉄道である。明治43（1910）年千葉県軽便鉄道会社・設置条例が定められた。これは、当時の県知事有吉忠一が、県内には鉄道に恵まれない地域が広く残っており、北部との不均衡を打開するためと考えその方策が含まれていた。

明治44年7月に木更津－久留里間の軽便鉄道建設の認可があり、ただちに「千葉県軽便鉄道債券」募集を広告したところ、その反響は大きく、県内各地とくに地元の君津郡民多数の応募があり、予定県債金額39万5000円を突破する勢いで、当局は株券の割り振りに苦慮したという。

また、小櫃戸崎地区の住民は戸崎地区を通過しない久留里線に対して、地区住民をあげて寄付金を拠出し、陰から鉄道建設に寄与していた。

鉄道敷設工事

この鉄道建設には紆余曲折があった。木更津－久留里間の線路建設は順調に進められていたが、終点は久留里駅であった。しかし、県当局は当初、久留里駅を現在の小櫃青柳字水深に決定していた。驚いた久留里地区の住民は、「せっか

く誘致した鉄道が久留里の手前でストップしたのでは久留里地区住民の利便性はない」ということで、現久留里駅までの延長を県当局に陳情し、延長路線の工事金額を久留里住民が負担して、現在の久留里駅が完成した。

また、現在の小櫃駅－俵田駅間に御腹川が流れている、この川を横断するために、橋梁工事が実施され、ピア（そで）が打ち込まれ橋脚が完成し、鉄橋上をＳＬは轟音を立てて、走り抜けていた。この鉄橋も軌間拡張工事（昭和5年8月完了）のときに幅が狭いということで、すぐ隣に新しく鉄橋を造りあげた。当然古い鉄橋は廃止され鉄橋ははずされたが、ピア（そで）までは廃棄しなかった。現在でも建設当時の建造物として、ひっそりと川岸に残っている。

鉄道開通

大正元年、木更津から久留里までの県営鉄道久留里線が開通した。この久留里線は国有鉄道の営業内容と変わらなかった。旅客運送・手小荷物の扱いであったが、国有鉄道との違いは、狭軌の線路（約60センチメートル、国鉄は106.7センチメートル）で客車も小さく、速度は大人の走るスピードと同じくらいだといわれていた。当時木更津中学校（現木更津高校）に通学する陸上部の生徒が、かばんを友達に預け、汽車と競争して負けなかったという。とにかく、県営事業として最初の鉄道14.1マイル（約20キロメートル）は、わずか7か月で完成した。

大正元年12月28日、1日4往復で営業を開始した。平均時速15キロメートルで所要時間は1時間18分を要した。列車は沿線住民の祝福を受け黒煙をなびかせて、田園地帯を走っていた。

鉄道開通式

開通式当日は祝宴は開かなかったが、鉄道建設に功労のあった人々を招待し、午前は久留里で、午後は木更津で会食をし、当時の苦労を話し合った。また、当日君津郡民代表久留里町長室直吉・小櫃村長松崎豊司。馬来田村長石井増蔵・中川村長積田岩次郎・清川村長原吉之助・木更津町長浪久定八・君津郡長岡巌連名で、建設計画に尽力した県知事告森良に感謝文を送付し、また、君津郡長岡巌の代表名をもって、前知事有吉忠一に感謝の電文を打電した。

これに対し、12月28日、前知事からは直ちに返電が届けられた。

木更津・久留里軽鉄開通ヲ祝シ、郡民ヲ代表シテ感謝ノ意ヲ表サレタルヲ謝ス

久留里線を走ったＳＬは、ドイツのコッペル社製の３両であるといわれ、大変小型な機関車であった。

鉄道延長運動と鉄道省移管問題

大正11年に公布された改正鉄道敷設法は、「千葉県下木更津ヨリ久留里・大多喜ヲ経テ大原ニ至ル鉄道」を国鉄が建設すべき予定線の一部に編入したため、地元の市原・君津・夷隅の３郡下では実現を期して熱心な運動が繰り広げられた。政府はこれに対して「木原線の達成について、県営の久留里線を国に無償で提供すれば直ちに着手する」と約束した。地元では木原線建設に関する陳情書を国鉄や政府に送り、陳情を繰り返した。

県営鉄道として建設された久留里線は、当時の県内県営鉄道３線（野田・多古・久留里）の中で野田線とともに収益を上げていた鉄道であった。しかし、多古線はその創業以来いまだ１回も利益を上げ得ず、そのため県営鉄道全体として利益が相殺されていた。大正10年４月14日付「東京朝日新聞」房総版には、「８か年を通じて各線100円収入に対する平均営業費をみても野田は87円、久留里は96円でそれぞれ収益しているのに反し、多古線のみは178円という結局78円の損毛をまねいている」とし、この意味で「県は収益なき多古線の鉄道局移管ならばすすんで提供すべきも、年々利益をあげつつある久留里線のみを希望されるならば、多古線の営業成績良好とならざる以上、県は鉄道経営による損害を一層ならしめねばならぬ道理となる」と論じている。

これに対して、当時の折原知事は、「久留里線については元田鉄相に面会した際、提供云々の話があった。各線全部ならば元より考究するまでもなく喜んで差し出すが、県としては利益をあげている１線のみをとくに引き抜かれることは一考を要する」としながらも、「しかし、同線は軌幅も狭小であり、輸送力も不十分で、県がこれを改良を計画するは財政上のはなはだ至難のことであるから、地方開発の利便に資するには政府の手をもってその改良を望むほかはない。該線はすでに政府の鉄道網にも包まれ、しかしてさらに大原まで延長する計画もあるので、それによる沿道民の利益のみといわず、県交通上に及ぼす影響を思えば、県としての小利害などは眼中に置くを許さぬわけである」と述べている。

この久留里線移管問題と大原までの延長問題は、車の両輪として論議された。大正10年６月20日には、藤平量三郎を会長として沿線各町村有志の間で結成された「上総横断鉄道期成同盟会」が、前代議士森政次郎の紹介により、鉄道省へ陳情を行っている。また、29日には久留里山徳楼へ集合し緊急協議会を開き、今後の運動方針について協議している。

このような中、大正11年４月29日付「読売新聞」房総版には、「県営鉄道の好成績」として県営鉄道３線の大正10年度の営業成績が、42万4千余円に達し、明年度の県歳入予算37万3千余円を大幅に超えることが報じられている。

大正12年12月６日、久留里線譲渡が県会へ提出された。すでに県参事会においては県営久留里線の政府への無償提供が全会一致で承認されていた。この不動産処分の条件としては「政府所定の鉄道網による県下木更津より久留里、大多喜を経て大原に至る鉄道建設の機運を促進せんとする」理由により、「国において県下木更津より久留里、大多喜を経て大原に至る鉄道の建設に着手する場合は県営木更津久留里間鉄道を無償にて譲渡する」との条件が付けられていた。

大正11年２月の県会も国鉄への譲渡案を満場一致で可決し、無償で国に移管することを決めた。引き継ぎの日はなんと、12年９月１日、かの関東大震災の日であった。

大正13（1924）年千葉県会は、木原線促進に関する意見書を政府に提出している。

なかなか建設に着手しなかったが、大正14年度からいよいよ着工することになった。久留里線は改良を加えればなんとかなるが、夷隅鉄道の方面は新路線を建設するというので、線路や駅の位置のすさまじい争奪戦が展開されたという。太平洋側の夷隅郡大原町と山間部の大多喜町の中間にある東村へは、15年の春、建設用の資材である枕木や電柱が運ばれて工事着手寸前にあったが、夏にはそれらが当時建設中の勝浦一興津間の路線方面へ移送されてしまった。多分、幹線優先の声が鉄道省にあったのではないかといううわさが、地元からささやかれた。結局大正年間にはついに着工できずに昭和に至り、木原線促成運動が継承されたが、とうとう半島横断は実現できなかった。ただ、木更津・大原の頭文字をとった鉄道名「木原線」の名を今日にとどめている。

昭和20年代から気動車が重点的に投入されてきた
房総地区。戦前製の電車などで木枠の窓を見慣れた
身には、気動車の窓周りを留める黒いＨゴムが新鮮
だった。お盆時期の訪問だったが、線路と並行する
国道127号線を走る自動車はまばら。その反面、鉄
道は満席の盛況ぶりだった。
◎浜金谷～竹岡
1964（昭和39）年８月16日
撮影：西原 博

浜金谷駅の上り方は海岸通り。国道越しに紫
紺の浦賀水道を望むことができる。線路は道
路より山側に敷かれ、切り立った稜線の麓に続
く。列車が短いトンネルを抜けて陽光下に躍
り出た僅かな時間だけ垣間見える車窓風景は、
房総地方を象徴するような明るい穏やかな眺
めだ。
◎浜金谷～竹岡
1964（昭和39）年８月16日
撮影：西原 博

山影が線路際まで長く延び始め、炎
天がようやく落ち着こうとしていた
夕刻になって蒸気機関車がけん引す
る列車がやって来た。深い緑の中で
機関車はブラスと音を重ね、若干力
行状態のようではあるものの、未だ
冷めやらぬ暑さの中で煙突から吐き
出される煙は湯気のようであった。
◎浜金谷～竹岡
1964（昭和39）年8月16日
撮影：西原 博

構内の南側に港がある浜金谷駅周辺は、
他の3方向を山に囲まれた地形である。
駅を発車した列車の前方には上下方向
共、トンネルが口を開けている。けん
引する蒸気機関車が残していった僅か
な煙を光のベールが包む幻想的な景色
をつくり出した。
◎浜金谷付近
1964（昭和39）年8月16日
撮影：西原 博

木漏れ日が客車の車体に妙
なる模様を描き出す。山裾
に掘られたトンネルへ、機
関車は力行気味で進んで
行った。早く窓を閉めない
と車内は煤だらけとなる惨
状に見舞われそうだ。しか
し経験者にとってはそれも
また、汽車が走っていた頃
の少しむず痒い思い出に
なっている。
◎浜金谷付近
1964（昭和39）年8月16日
撮影：西原 博

往時よりも若干長くなった
列車の影が線路際に落ちる
のは、帰路に乗車した上り
列車。夏休みに入る1週間前
の日曜日だったが、車内は
海水浴帰りと思しき子ども
達で賑わっていた。車内に
漂う気だるげな空気は泳ぎ
疲れた彼らの想いだったの
だろうか。列車は淡々と森
影を縫って走った。
◎安房勝山付近
1966（昭和41）年7月17日
撮影：西原 博

浜金谷駅へ入って来た上り
普通列車。製造が開始され
てまだ年が経っていない急
行形気動車のキハ28形が、
編成の先頭に連結されてい
た。旅客列車運用に就く気
動車が不足気味だった当
時、配属して間もない車両
を普通列車に充当したのか
と思われるほどキハ28形は
きれいな状態だ。
◎浜金谷付近
1964（昭和39）年8月16日
撮影：西原 博

重連のDD13形ディーゼル
機関車が80系電車をけん引
する特異な列車は準急「白
浜」。夏の行楽として海水
浴人気が最高潮に達してい
た1964（昭和39）年に房総
地区の夏ダイヤで設定され
た。運用に就いたDD13形
は千葉気動車区。電源車と
なったクハ16形電車は津田
沼電車区の所属だった。
◎浜金谷付近
1964（昭和39）年8月16日
撮影：西原 博

新製間もないキハ28形気動車で運転する準急「内房」。1962（昭和37）年に設定された際、列車名称の読みは「ないぼう」だった。車端部の片側に運転台を備える急行形車両は組成時、必ずしも運転台が無い方の車端部同士を連結せず、編成中に運転台無し側と運転台側を連結した車両が混在していた。◎浜金谷付近　1964（昭和39）年8月16日　撮影：西原 博

列車の最後尾から2両目には、昭和初期に製造された狭窓の客車が組み込まれていた。同系車両に展望車や寝台車を含んでいたスハ32系は主に優等列車で活躍。昭和40年代に入るとスハ42系などの後継車両に置き換えられて数を減らしていった。◎岩井付近　1968（昭和43）年8月18日　撮影：西原 博

キハ35形気動車とキハ17形などを連結した3両編成の普通列車。都市部での通勤客輸送などを想定し、大量輸送に応える仕様の気動車として登場したキハ30、35、36形だったが、小規模な輸送量だった木更津以南の区間では、従来から運用していた気動車と併結して運転することが多かった。
◎岩井付近
1968（昭和43）年8月18日
撮影：西原 博

黒色の二軸貨車を率いてC58形蒸気機関車が軽やかに走って来た。炎天下で運転台の扉は開けられ、機関士は窓辺に腕を載せて前方を凝視している。吹く風に未だ湿り気を感じた夏の光景だが、機関車の煙突には沿線火災などの防止策である回転式火の粉止めが、装着されたままになっていた。
◎岩井付近
1968（昭和43）年8月18日
撮影：西原 博

館山駅〜両国駅間で運転した臨時急行「うち房53号」。千葉地区における優等列車に投入すべく、増備が進んだキハ28形気動車を連ねた長編成は迫力があった。ヘッドマークには以前の呼び名であった「ないぼう」と読み違えぬように、「内」がひらがなで記載されていた。
◎岩井付近
1968（昭和43）年8月18日
撮影：西原 博

駅を発車した上り列車は、夏の気配が残る田園で黒煙を吹き上げて行った。岩井駅は浦賀水道の東岸部に広がる安房郡岩井村（現・南房総市）で大正時代に開業した。駅の800mほど西側には海水浴客で賑わう砂浜が続く。駅の周辺には観光客向けの宿泊施設が点在する。◎岩井付近　1968（昭和43）年８月18日　撮影：西原 博

南房総から家路につく旅行客を乗せた臨時快速「さざなみ４号」。前照灯にシールドビームを装備したＣ57形蒸気機関車がけん引する。31号機は新製配置区こそ京都の梅小路機関区だったが、後に水戸、平機関区などへ転属して常磐線で運用された。千葉地区での活躍は晩年の２年余りと短かった。
◎岩井付近
1968（昭和43）年８月18日
撮影：西原 博

準急時代末期の「内房」。1962（昭和37）年に新宿、両国駅と館山、安房鴨川駅間を結ぶ列車として４往復が設定された。うち２往復は安房鴨川駅から準急「外房」として運転する循環列車だった。1965（昭和40）年10月のダイヤ改正より６往復に増発され、循環列車は４往復体制になった。
◎南三原
1966（昭和41）年２月27日
撮影：荻原二郎

外房線

側面に狭窓が連なるキハ26形400番台気動車を先頭にした急行「そと房」。同列車の前身となった準急「外房」の読みは「がいぼう」であったため、読み間違いによる誤乗車などを防ぐ意味合いから、「外」をひらがな標記とした。標記の変更は急行化前の1965（昭和40）年10月に行われた。
◎錦糸町
1969（昭和44）年1月15日
撮影：長谷川　明

行き止まり構造のホームとなっていた千葉駅の0、1番のりば。当駅始発の列車が利用し、ターミナル駅らしい雰囲気が漂っていた。千葉地区では昭和20年代後半より、気動車が旅客列車へ積極的に導入された。昭和30年代にはキハ17形等、動力近代化初期に量産された車両が主力になっていた。
◎千葉
1963（昭和38）年3月
撮影：山田虎雄

中川放水路橋梁を渡る急行「外房(そとぼう)」。キハ28を先頭にした編成だが、中間に準急用気動車のキハ55系を挟む。翼を想わせる形のヘッドマークを掲出した姿は、優等列車らしい風格を備えていた。車両は冷房装置を搭載しておらず、客室窓はことごとく開け放たれていた。◎新小岩〜小岩　1966（昭和41）年８月　撮影：長谷川 明

明治時代に房総鉄道の終点として開業した大網駅。駅開業の翌年に当駅〜一ノ宮駅（現・上総一ノ宮）間が延伸開業して構内はスイッチバック構造になった。駅は1972（昭和47）年に現在の場所へ移転し、長らく続いた外房線を行く列車のスイッチバック運転は解消された。◎大網　1971年（昭和46）11月　撮影：山田虎雄

『大原町史』に登場する木原線・房総東線

木原線

　本町は明治に入り、郡役所のある大多喜町との往来が逐次活発となり、早くから交通の便が望まれてきた。

　ここに地方の末端の交通機関として登場したのが人車軌道（県営）であった。これは軌道の上で数人乗りの車両を2、3人の人夫が押すもので、当時は電気・蒸気に比べて安上りのため普及したいわば過渡期の乗物であり、明治末から大正初年までが全国的にピークで、県内には野田方面など3件存在したが、そのうちの1つが大原〜大多喜間であった。

　これは大正元年に県で建設したもので、16キロを2時間半で走り、約1時間毎に8〜9往復程度動いていた。大正7（1918）年当時の運賃は46銭で、米1.5キロが16〜17銭で買えた時代の公共料金としては決して安い方ではなかった。人車軌道は、大正10年に夷隅軌道株式会社に譲渡されるまでの10年間続いた。大原駅前（現在の丸通倉庫・ＮＴＴ裏）を起点として、大多喜町舟子（外廻橋東側）までで、8人乗り客車は2人、4人乗りは1人の人車夫が後を押し、上り勾配の急な森宮・行川・七曲の3ヵ所には信号手が常駐して補機の役目を果たしていた。人車夫の賃金は日給40銭であったが、千葉県職員であるということと、制服制帽が貸与されるので、田舎では相当魅力的な職業であったらしい。

　人車の経路は、大原〜大多喜間の大部分が県道103号線を利用した併用軌道で、専用軌道区間は、大原－山田と大多喜森宮付近の2ヵ所だけであり、駅は、大原・新田・山田・苅谷・引田・増田・大多喜の7駅が設けられた。しかし、その経営は苦しく、県から夷隅軌道株式会社に引き継がれた。大正10年11月20日に創立された同社本社は、大原8760の4番地（現川辺整骨院の東隣）にあった。社長土屋弁次郎は、会社発足後から計画していた気動車運転を実施するため、人車を人力からガソリン動力に変更すべく、大正11年3月13日付で政府に動力変更申請を行った。

　大正11年9月5日、動力変更は認可され、まず気動車1両の到着により、旧人車の運転と併用して試運転を行ったところ好成績であったが、今までの貧弱な線路にガソリンカーの使用は過重なことが判ったので、線路の補修を行い完了し

た後、大正12年2月21日から大原－大多喜間1日6往復の気動車のみによる運転を開始し、宿願を達成した。

　一方このころから大原〜大多喜間にバス3台が運行し、房総東線列車に接続発着して50分70銭で運行し始めたので、60分63銭で走る夷隅軌道には一大脅威であった。このような状況のなか大正14年、政府は木更津、大多喜〜大原ルートを木原線として着工することを決定した。省線開通の暁には存立不可能と察知した同社は昭和2（1927）年、鉄道省へ夷隅軌道の買収を請願したところ総額8万5000円で買収されることになり、同年8月31日限りで営業を廃止し、翌月18日の臨時株主総会の決議によって、同日附けで解散したのである。

　木原線は昭和5（1930）年4月1日、ガソリンカーの呼称で大原〜大多喜間が開通し、1日8往復の客貨列車が両駅を35分で結び、その輸送実績は人車時代に比べ約10倍に達した。更に昭和9年には上総中野まで開通し、既に五井から南下していた私鉄小湊鉄道に接続したのである、この当時、上りの車中で知己の車掌が「今、小湊鉄道から中野で木原線に乗りかえたが、まるで水の上を走っているような感じだ」と語ったが、そのころの私鉄と国鉄の線路の状況が察せられる。しかし、久留里線と握手させる予定だった当初のプランは中絶したままとなって現在に至っている。

　こうして、郡内を横断し永年人々に親しまれてきた木原線も昭和29年にディーゼルカーに切替わったのち、昭和末期、全国赤字路線の1つに数えられていたため、国鉄がＪＲに衣替えする昭和62年に民営の「いすみ鉄道」と名が変り、その歴史を閉じた。

（中略）

房総東線

　国鉄に特急・急行・準急の、いわゆる優等列車が増発されるようになったのは、全国的な現象であったが、これは大都市と観光地を結ぶ上に大きな役割を果たすもので、房総でも最初の準急列車は昭和33年7月に設定された。房総東線は外房1〜4号の4往復で始まり「くろしお号」の愛称で駆けめぐり、のち6往復で運行された。

　房総東線から機関車が消えて全面気動車化さ

れたのは昭和29年10月からで、朝夕の混雑時に蒸気機関車が残されたほかは、大部分が気動車に置きかえられた。しかし、初めは蒸気機関車に比べ旅客収容定員が劣り、線路容量から増車も困難であったが年とともに改善されていった。

　本県における国鉄の電化は、まず、東京お茶の水〜千葉間が昭和10年に完成し、千葉方面から東京への利用客激増に十分対処できることになった。その後津田沼までの複々線化工事が行われ、昭和47年にはこれも完成した。同時に蘇我鴨川間が電化され、東京〜鴨川〜千倉間に特急電車・快速電車が運転されるようになった。房総東線の電化は既述のように昭和47年7月に完成したが、同時に線名も外房線と改称され、電化に伴うダイヤ改正により房総方面に初の特急「わかしお」「白い砂」など瀟洒な名の表示板をつけた電車が走るようになり、大原〜東京間は大幅にスピードアップされた。

　一方、通勤時間帯に快速が運転されないことや、特急停車本数が少ない等につき町から国鉄当局に再三の請願を行った結果、大原始発の快速列車新設を含み、昭和50年3月のダイヤ改正を機に具現化された。

　昭和62年4月、国鉄に代わって民営会社ＪＲグループが漸く発足し、従来に比べ運営の合理化、サービスの向上がみられるようになったが、浪花駅は無人化された。しかし特急や快速電車を除き、まだ単線の弱点である、電車の交換のための待合せ時間が多いのが現状である。

いすみ鉄道

　赤字ローカル線として昭和56年に第1次廃止対象路線に指定された木原線も、全国の例に倣い第3セクター方式が採用されることになった。これは、地方公共団体や民間企業などの共同出資で設立される事業体である。

　この「いすみ」の名は、昭和62年、公募に応じた1638通の中から、最も多かった「いすみ」「夷隅」計150通が選ばれ、親しみ易い前者が採用されたものである。社名は「いすみ鉄道株式会社」として、昭和62年11月に運輸省から許可された。内容は、国からの転換交付金8億700万円を基金として、電子化された軽快な車両を購入し、大原駅に専用ホームの設置、全駅無人化などを含めて準備が進められた。

　同社設立時の資本金は1億3650万円で、内訳は、千葉県はじめ夷隅郡市1市5町が65.9%に当たる9000万円を負担、残る34.1%の4650万円は一般企業からの出資となった。また、木原線の運行には81人が従事していたが、いすみ鉄道では電子閉そく方式採用等の合理化や省力化により31人で営業されることになり、運転間隔も短くなったうえ、外房線や小湊線との接続も改善された。いすみ鉄道は、昭和63年1月8日、新車両の受渡し式が行われ、3月24日から開業された。

東金線

明治時代の開業以来、1973（昭和48）年に電化されるまで非電化路線であった東金線。昭和初期にガソリン動車が導入されるなど、動力近代化が試行された路線であった。無塗装のステンレス製車体が目を惹く気動車はキハ35形900番台車。新製当初は房総地区へ投入され、後に千葉地区に残る非電化路線で運用された。
◎大網
1971（昭和46）年11月
撮影：山田虎雄

キハ16形とキハ17形気動車の２両編成が駅に入って来た。いずれも片運転台車だがキハ16は便所等の水回り施設を備えていない。同系の気動車は昭和20年代後半から製造が開始されて以来、房総地区に多く投入されて主要路線が電化されるまでの間、「気動車王国」の基を築いた。
◎東金
1960（昭和35）年８月26日
撮影：西原 博

地上ホーム時代の東金駅へ入る気動車列車。貫通扉の周りに幌枠を収め、すっきりとした顔立ちのキハ20形は、側面の客室窓上にスタンディングウインドウ（バス窓）を備える初期型だった。1957（昭和32）年から製造された国鉄形近代車両は、後ろに連結されたキハ17形よりも大きな車両断面を備える。◎東金　1961（昭和36）年2月27日　撮影：西原 博

久留里線

小櫃駅での改札風景。開業時の駅名は「おひつ」と呼ばれていたが、路線が国有化されたのと同じ1923（大正12）年9月1日に読みを「おびつ」に改称した。かつては相対式ホーム2面2線をもち列車交換が可能であった。
◎小櫃　1961（昭和36）年3月18日　撮影：荻原二郎（写真解説：編集部）

久留里線は終点、上総亀山より先は木原線の上総中野へ延びる予定であったが、延伸されず戦時下においては一部区間が不要不急線にまで指定され、一時期は休止区間もあった。その後、1950年代にはキハ10系列が投入され、内房線や外房線が電化された後も久留里線ではキハ35系列に混じってしばらく運用が続けられた。
◎上総亀山　1961（昭和36）年3月18日　撮影：荻原二郎（写真解説：編集部）

木原線（現・いすみ鉄道いすみ線）

国鉄初のレールバスであるキハ01形は、業績の悪い路線を大増発させ、収支改善を図るべく製造された。最初に木原線へ導入し、1954年9月より運用が始まった。期待通り利用客は増えたものの、車体が小さく今度は定員が少ないことが問題となり、10年程度しか走らなかった。◎上総中野　1960（昭和35）年10月2日　撮影：荻原二郎（写真解説：編集部）

1962年より千葉気動車区やその木更津支区に数多くの車両が配置されたキハ35系列は、房総各線の電化まで房総一円で活躍した。電化後は木原線と久留里線用として一部の車両が残り、木原線では1988（昭和63）年のいすみ鉄道転換まで、久留里線では2012（平成24）年まで活躍した。◎上総中野　1971（昭和46）年2月14日　撮影：荻原二郎（写真解説：編集部）

『大多喜町史』に登場する木原線

夷隅軌道へ

大正8年12月に、東京の本郷区森川町の佐々木保蔵なる人物が、この県営人車軌道の払い下げをうけて、人力を動力に変えて経営したいとの申請を千葉県に出した。県は県会の承認をうけるまで一時的に1年間、無償で貸付けることを承認した。しかし、この段にいたって沿線町村から払下げの出願が出された。千葉県知事は、沿線町村の態度を批判しつつも、出願者（佐々木）との共同経営を提案した。

佐々木保蔵としても地元側と対立するのは得策ではないので、大原運輸倉庫株式会社の社長長島金夫（後に大原町長になる）と合同で、特許権譲渡を出願することになった。この大原運輸倉庫株式会社は、県営人車軌道（大原・大多喜間）の主要な荷主であり、大原の資産家などが出資する土地の利益を代表する企業であった。

特許権譲渡の出願は大正10年3月17日に出され、同31日に許可になっている。しかし、この時はまだ会社設立の準備が整わず、佐々木保蔵・長島金夫軌道と称する個人名義の軌道に3万円で譲渡される。

しかし、佐々木はこの軌道の経営から手を引く。大正10年12月には、長島金夫個人から、新しく創立された夷隅軌道に対する特許権譲渡の申請が出されている。

夷隅軌道株式会社は大正10年11月に創立され、本社は大原町に置かれた。社長に就任した土屋弁次郎は同町で農具、建築材料などを扱う金物業が本業で、大原運輸倉庫にも関係していた。次に述べるように夷隅軌道の株主は大原町の人が圧倒的に多かった。また、それも大原運輸倉庫の関係が多かった。

夷隅軌道株式会社は資本金10万円、1株当り50円で2000株を発行している。社長は前記したように土屋で、取締役は前記長島金夫（大原町）、高梨正助（東村）、久貝源一（国吉村）、西尾発造（大多喜町、元大多喜町長）、監査役は藤平真平（中川村）、岩瀬英一郎（大原町）、最首竹之助（同）、相談役は田島隆太郎（大多喜町）ほか8名（中川村1名、国吉村、東村、東海村各1名、大原町4名）である。上記2000株のうち、大原町在住の人が1405株（70.2％）、大多喜町在住の人が82株（4.1％）、上瀑村在住の人が5株（0.25％）を所有

している。

このようにしてあらたに発足した夷隅軌道株式会社は依然として人車のままで運行をしていた。大正10年度、同社は営業日数233日に対して旅客1万9254人であり、県営時代にくらべると半減している。この理由は、経営改善を目ざして性急に運賃を引きあげたためであるという。県営時代の大正8（1919）年度において1人平均運賃収入31銭、1トン平均運賃収入1円35銭であった。しかし、夷隅軌道に移管された大正10年度には前者は41銭、後者は2円91銭と上昇している。

ガソリンカー入る

夷隅軌道は大正11年9月、10人乗りガソリン動車1両を使って試運転を始めた。従来の人力にかえて動力の使用にふみ切ろうとしたのである。ガソリン動車は人車の約3倍あまりの重量があって枕木やレールの交換が必要の場合もあったようである。

大正12（1923）年2月19日にあらたにガソリン動車2両が到着した。それによって従来の8人乗り客車と貨車を補強し、連結器を新設してトレーラー化し、1日6往復の運行を始めた。その結果、旅客数が5万2600人に増加している。また、大正14年3月にはガソリン動車1両が増備された。同年の輸送実績は旅客6万1466人、貨物896トンに達し、旅客数の伸びがいちじるしい。

大正15（1926）年6月改正の時刻表によると、大原・大多喜間をほぼ2時間ごとに7往復運行している。この時、運賃は63銭となっており、大正元（1912）年の3倍に値上りしている。

夷隅軌道は大正10年度には742円の黒字を計上し、大正12（1923）年度下期から配当を開始している。しかし、政府の同鉄道株式会社の買収によって昭和2年度にそれは終わる。

政府は大正14年、木原線（後述）の建設に着手することを決定し、夷隅軌道に対してもそれを内示した。木原線の工事にあたって、夷隅軌道の路線は支障をきたすところがあったからである。

木原線が開通して夷隅軌道と平行すれば、後者の経営が悪化することは確実である。夷隅軌道株式会社は政府に対して身売りを交渉し、それが成立する。昭和2（1927）年5月、同社は大原小学校で開催された臨時株主総会において現

金8万5000円で鉄道省の買収に応ずることを議決した。同年8月、営業廃止、同年9月の臨時株主総会の決議で、夷隅軌道株式会社は消滅した。その営業期間は約8年間であった。

木原線

　すでに夷隅軌道の項のところで述べたように、政府は大正14年、木原線（大多喜－大原間）の建設を決定している。木原線という名称は、同線が内房の木更津と外房の大原の間を結ぶ計画であったためにつけられた。しかし、その計画はついに実現しなかった。なぜなら、木原線は大多喜から総元・中野（いずれも大多喜町域）までの延長で終わった。一方、木更津からの鉄道（久留里線）は上総亀山（君津郡亀山村）で終わったためである。逆に内房の千葉県市原郡五井から中野（前述）までの小湊鉄道（後述）と木原線は接続するにいたる（むろん、同一レールではない）。

　さて、木原線建設は大正14（1925）年から測量が開始され、昭和5（1930）年4月1日に大原－上総東－国吉－上総中川－大多喜間（15.9キロメートル）が開通した。この総工費は143万3272円であった。列車運行回数は8往復で、客・貨車混合列車が35分で大原－大多喜間を結んだ。運賃はわずか25銭（人車鉄道のさいは45銭の時もあった）であった。昭和5年度には旅客26万1323人、貨物8213トンの輸送実績をあげた。それは人車時代にくらべて10倍にも達した。

　昭和6（1931）年秋から大多喜駅と総元の間の工事が始められ、昭和8年8月に開通する。さらに昭和9（1934）年8月25日にこの総元駅と上総中野間が開通した。これによって、既述したように小湊鉄道と接続することになった。

　しかし、木原線の本来の目的である、久留里線（上総亀山）との接続を願って、関連の町村長はこぞって昭和11年5月、政府に請願書を提出した。日中戦争の始まる前年のことであった。ここでいう関連町村長とは、千葉県君津郡木更津町長石川善之助、同郡久留里町長鳥井有之助、同郡松丘村長四宮保、夷隅郡老川村代理助役米本梅吉、君津郡亀山村長榎木平八、夷隅郡西畑村長関平次、同郡総元村長磯野巳之松、同郡大多喜町長鋤柄良司、同郡大原町長長島金夫、である。しかし、このような請願はついに実ることはなかった。

　開通した木原線は戦時中、ガソリンの不足を補うために、天然ガスの圧縮ガスを利用した。すなわち、ガスカーで、当時としては珍しいものであった。

太平洋戦争が終わってもこの状態はしばらくつづいた。しかし戦後の一時期、天然ガス利用の宮田製作所や理研真空工業などの工業も盛んであったので、これらの工場へ通勤する人々や、学校へ通学する人々が、木原線の列車にあふれんばかりであったという。

　この木原線と接続する予定であった前記久留里線（木更津～上総亀山）について若干追記しておく。

　大正11年12月の千葉県議会において政府への久留里線譲渡案が次のように提案されている。

久留里線譲渡案

第29号議案　不動産処分ノ件
国ニ於テ県下木更津ヨリ久留里大多喜ヲ経テ大原ニ至ル鉄道ノ建設ニ着手スル場合ハ県営木更津久留里間鉄道ヲ無償ニテ国ヘ譲渡スルモノトス
理由
政府所定ノ鉄道網ニ依ル県下木更津ヨリ久留里大多喜ヲ経テ大原ニ至ル鉄道建設ノ機運ヲ促進セムトスルニ由ル

　これをみると、県議会は久留里線が大多喜・大原へつながることを期待し、またそれを促進するために同線の政府への譲渡を決めたことがわかる。

　翌年の大正12（1923）年、第46回の衆議院議院で久留里線の譲渡と、木更津と大原を結ぶことを目的としたいわゆる木原線案が可決されている。この時、久留里線は木更津～久留里まで開通していた。

　そして昭和11（1936）年にそれは上総亀山までつながる。しかし、既述したように、それはそこまでで終わり、ついに大多喜町域にまでつながることはなかった。

常磐線

沿線に田園が残る松戸市内を行くのは成田駅始発の客車列車。成田線を経由して我孫子駅からから常磐線へ乗り入れていた。けん引機のC58形蒸気機関車166号機は、1939（昭和14）年に落成して以来、生涯のほとんどを千葉地区で過ごした。当時は佐倉機関区の配置だった。
◎松戸付近
1961（昭和36）年4月23日
撮影：西原 博

成田山詣での臨時列車として成田駅〜上野駅間で運転した快速「ふどう」。7両編成の旧型客車をC58形蒸気機関車がけん引していた。4月から5月にかけての連休は、大多数の人が忙しく働いていた高度経済成長期下にあっても、休日が楽しみとなる時期の一つだった。
◎我孫子
1968（昭和43）年4月28日
撮影：西原 博

柏駅で貨車継走を行っていた常磐線と東武鉄道野田線。常磐線は柏駅の南側で船橋方面へ向かう野田線の線路と交差する。この跨線橋は常磐線複々線化の際に架け替えられた。野田線の橋桁は複線分確保して架橋されたが、しばらく単線だけで使用し、複線化されたのは平成に入ってからだった。
◎南柏～柏
1959（昭和34）年9月9日
撮影：篠原 力（写真解説：編集部）

常磐線と成田線との直通列車は成田線が
非電化だったため、1969（昭和44）年3
月15日まで全区間を佐倉機関区所属のＣ
57形やＣ58形が客車列車を牽引してお
り、この列車は上野駅に乗り入れる最後
の定期蒸気機関車列車でもあった。当時
の柏駅は今とは異なり、国電しか停まら
ない駅だったため、この列車も通過して
いた。
◎柏
1969（昭和44）年3月
撮影：荻原二郎（写真解説：編集部）

『柏市史』に登場する常磐線

常磐線の敷設

　市域が大きく発展する契機となったのは、明治29（1896）年12月25日の日本鉄道株式会社常磐線の開通と、柏駅の開設であった（現在のJR常磐線…上野・岩沼間は、当初、隅田川線…田端・千住間、土浦線…南千住・友部間、磐城線…水戸・岩沼間の3区線に分かれていたのが、明治34年11月に3区あわせて海岸線となり、さらに明治39年の国有化を機に常磐線と改称されたものである。本巻では常磐線の呼称を、適宜、改称前に遡って使用する）。

　常磐線敷設の計画は明治22年に端を発する。同年1月の水戸線（日本鉄道東北線小山駅から分岐し水戸へ至る）開通をうけ、これに接続する平・水戸間の鉄道を敷設して常磐炭の輸送事情を改善しようという、地元有志の活動が起こったのである。福島県菊多・磐前・磐城3郡の郡長であった白井遠平らは、福島県知事のほか、渋沢栄一・川崎八右衛門・浅野総一郎など東京の有力資本家の賛同を取り付け、秋には常磐炭礦鉄道会社の創立準備を始めるまでになったが、経済事情の悪化で一時出願を見合わせていた。

　一方、日本鉄道は、明治26年に白井から常磐炭礦鉄道会社に50万円出資するよう求められて、この計画に加わることになった。この時点では、前年6月の鉄道敷設法公布を受けて、計画は宮城県亘理郡地方とも協力し、水戸から平を経て東北線岩沼駅に至る路線を建設するというものに拡張されていた。これは東北線の併行線となり、競合のおそれがあった。そこで日本鉄道社長小野義真は65万円の出資を約束する一方、直接敷設・経営に乗り出す意思のあることを表明し、最終的には常磐炭を格安運賃で輸送するという条件で先願権を譲り受けた。こうして同年7月31日の臨時株主総会に常磐線の敷設計画が提案されたのだが、注目されるのは、東北線川口駅近傍から分岐し、茨城県下土浦・石岡を経て水戸線に接続する路線（土浦線の当初計画）、それに伴う川口橋梁の複線化、そして水運連絡機能を持つ貨物駅設置のための隅田川線の敷設が、同時に提案・決定されたことである。

　ところで土浦線は、当初の計画通りには敷設されなかった。仮免状下付申請の時点では、川口から流山、小金、根戸を経て我孫子に至る路線をとっていたが、仮免状下付の翌日、明治27年2月16日に鉄道局長から見直しの指示が下ったのである。指示の趣旨は、同路線は将来、磐城線と接続し東北地方運輸交通上の要路となるべきものなのに、現在の計画では迂回し過ぎである、よって本免状の出願までに「上野ヨリ千住ヲ経テ、直チニ流山近傍ニ達シ、及ヒ石岡ヨリ直チニ水戸ニ至ル、此両間ニ於テ距離ヲ短縮シ得ルノ線路」を実測するようにというものだった。

　経営上の判断から貨物輻輳の地を選びつつ路線を策定した日本鉄道にとって、その変更は苦しいものだったに違いない。3月13日には実測結果を提出したものの、川口分岐案の修正は表明されないままだった。というのも3月24日の日本鉄道技師長の調査実況報告からうかがえるように、川口・流山間は「最モ豊饒ノ土地」であり、利根川水運に連絡する土浦と、江戸川水運に連絡する流山は、ともに多くの貨物が期待できる重要地点だったからである。同報告では、根戸から布施・板橋（茨城県伊奈町）を経由して土浦に達する路線も検討されたが、根戸から我孫子、取手を経由して土浦に達する本路線に比べ、距離の短縮や工事のある程度の容易化という利点はあるものの、本路線に比べて利用貨客が少なかろうとの理由から採用されなかった。

　結局、日本鉄道では5月30日の鉄道局長宛て上申書で、ほぼ指示通りに路線変更を行うこと、また千住分岐のために必要な上野・千住間の路線を、東京市区改正事業との関係で高架建設にしなければならないため、その完成まで土浦線を隅田川線に接続させたいと回答した。その後、7月5日には逓信大臣へ申請を行い、上野・富勢村根戸間は松戸付近を経由する路線に改めることになった。

　このように、路線変更は鉄道局の指導によるものだった。しかし日本鉄道の側でも、東北線東京・宇都宮間の輸送力を増強するために、単なる複線化ではなく、北千住から草加・越谷・杉戸・幸手を経て栗橋近傍に至る路線を敷設し、沿道町村の便宜を図るという計画があり、千住分岐は好都合だという事情があった。

　以上のような経過をたどり常磐線の本免状は明治27年11月2日に下付された。さて前述の調査実況報告では、流山町と取手町の間にある市域周辺は「畑地ト森林ニシテ、其中間ナル柏村